Inhalt

W0369034

Inhalt

3 Aufsatz

4 Literatur, Sachtexte, Medien

5 Methoden

Die Wortarten

Wenn du sprichst oder schreibst, verwendest du viele Wörter. Diese gehören verschiedenen Wortarten an. Manche können verändert (gebeugt, konjugiert) werden, andere nicht.

Substantive, Artikel, Adjektive und Pronomen

Sie haben unterschiedliche Formen, je nachdem, ob sie in der Einzahl oder in der Mehrzahl stehen:

der Papagei – die Papageien, das Kind – die Kinder.

Sie kommen auch in den vier verschiedenen Fällen vor:

die Katze – der Katze – der Katze – die Katze.

Diese Art der Beugung nennt man Deklination.

Verben

Sie können ebenfalls verändert werden. Sie können die Person wechseln:

ich lese – du liest – er, sie, es liest – wir lesen – ihr lest – sie lesen.

Sie können auch in verschiedenen Zeiten stehen:

ich lese – ich las – ich habe gelesen – ich hatte gelesen – ich werde lesen.

Diese Art der Beugung nennt man Konjugation.

Adverbien, Präpositionen und Konjunktionen

Wörter dieser Wortarten bleiben immer unverändert.

Fachbegriff	deutsche Bezeichnung	Beispiele	
Nomen, Substantiv	Namenwort, Hauptwort	Mutter, Tanja, Tier, Giraffe, Erbse, Handy	können gebeugt (dekliniert) werden
Artikel	Begleiter, Geschlechtswort	der, die, das, ein, eine, einer	
Adjektiv	Wiewort, Eigenschaftswort	gelb, schlau, eigensinnig, brav	
Pronomen	Fürwort	sie, mein, dieses	
Verb	Tunwort, Zeitwort	schreiben, essen, tanzen, telefonieren	kann gebeugt (konjugiert) werden
Adverb	Umstandswort	kaum, abends, da	können nicht verändert werden
Präposition	Verhältniswort	in, an, auf, neben	
Konjunktion	Bindewort	und, oder, weil, denn	

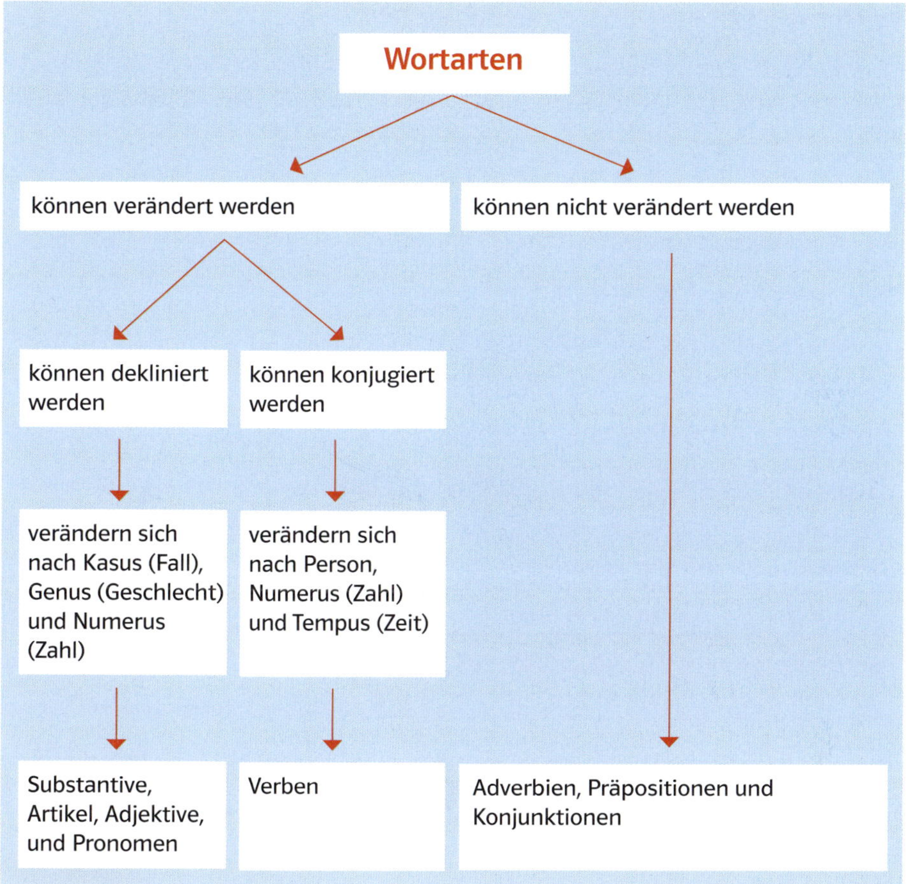

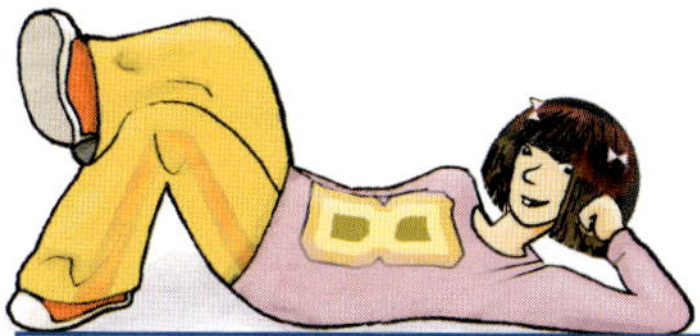

Wissen kurz gefasst ✓

Kennzeichen der verschiedenen Wortarten

- Substantive, Artikel, Adjektive und Pronomen können dekliniert (gebeugt) werden. Sie verändern sich dabei.
- Verben können konjugiert werden. Auch sie verändern sich dabei.
- Adverbien, Präpositionen und Konjunktionen bleiben immer unverändert.

Das Verb (Tätigkeitswort, Plural: die Verben)

Das Verb drückt aus, was geschieht oder was jemand tut. Das Verb ist deshalb für den Satz sehr wichtig. Ohne Verb kannst du keinen vollständigen Satz bilden.

Verben können verändert (gebeugt, konjugiert) werden

- Von jedem Verb gibt es eine Grundform, man nennt diese den Infinitiv. Das ist die Form, die du findest, wenn du ein Verb in einem Wörterbuch suchst. Der Infinitiv eines Verbs endet immer auf -en:
  laufen, tanzen, essen, suchen, finden
- In einem Satz findest du eine gebeugte (konjugierte) Form des Verbs. Sie zeigt an, wer etwas tut:

Singular	
1. Person	ich singe
2. Person	du singst
3. Person	er, sie, es singt
Plural	
1. Person	wir singen
2. Person	ihr singt
3. Person	sie singen

Verben kann man unterscheiden nach:

Vollverben und Hilfsverben

- Vollverben bilden allein das Prädikat, z. B. hören, gehen, finden.
  sie hört gern Musik, er ging mit seinen Freunden ins Kino, wir fanden den Schatz
- Hilfsverben helfen beim Bau eines zusammengesetzten Prädikats, z.B. haben, sein und werden.
  sie hat gern Musik gehört, er ist mit seinen Freunden ins Kino gegangen, wir werden den Schatz finden

Schwache und starke Verben

- Verben, die im Präteritum und im Partizip Perfekt den Vokal ihres Wortstamms nicht verändern, nennt man schwache Verben:

  entdecken entdeckte entdeckt

  Die Endung im Präteritum lautet -te.

  Das Partizip Perfekt der schwachen Verben hat die Endung -t.

- Verben, die im Präteritum und im Partizip Perfekt den Vokal ihres Wortstamms verändern, nennt man starke Verben:

  schreiben schrieb geschrieben

  Das Partizip Perfekt der starken Verben hat die Endung -en.

Wissen kurz gefasst ✓

Kennzeichen des Verbs

- Verben sind Tätigkeitswörter. Sie geben an, was jemand tut oder was geschieht. Sie dürfen in keinem vollständigen Satz fehlen.
- Die Grundform des Verbs ist der Infinitiv.
- Verben können gebeugt (konjugiert) werden. Sie verändern sich dann z. B. nach der Person, auf die sie sich im Satz beziehen.
- Verben können unterschieden werden nach: Vollverben und Hilfsverben, starken und schwachen Verben.

Das Tempus (die Zeitstufe, Plural: Tempora) des Verbs

Das Verb sagt dir, wann etwas geschieht: jetzt, vorher oder erst in der Zukunft. Auch diese Veränderung des Verbs nennt man Beugung (Konjugation). Doch wann wird welche Zeitstufe verwendet und wie werden die verschiedenen Zeiten gebildet?

Das Präsens (die Gegenwart) wird verwendet:

- Wenn sich das Geschehen jetzt ereignet: Ich bürste meinen Hund.
- Wenn sich der Vorgang wiederholt: Im Sommer fahren wir ans Meer.
- Wenn die Aussage allgemeine Gültigkeit hat: Ich lese gern Harry Potter-Romane.

Das Präteritum (die 1. Vergangenheit) wird verwendet:

- In der Erzählung: Letzten Sommer fuhr ich mit meinen Eltern nach Norwegen.
- Bei einem Bericht über Vergangenes: Damals sah ich zum ersten Mal einen Elch.

Das Perfekt (die 2. Vergangenheit) wird verwendet:

- Wenn die Auswirkungen eines vergangenen Ereignisses noch in der Gegenwart zu spüren sind: Seit ich mir das Bein gebrochen habe, muss ich auf Krücken gehen.

Das Plusquamperfekt (die 3. Vergangenheit) wird verwendet:

- Wenn eine Handlung in der Vergangenheit bereits beendet war, als eine spätere Handlung anfing: Er hatte eben die Polizei gerufen, als der Notarzt eintraf.

Das Futur (die Zukunft) wird verwendet:

- Um etwas Zukünftiges auszudrücken: Die Party der 5. Klassen wird am 29. März stattfinden.
- Um eine Vermutung oder eine Absicht auszudrücken: Ich werde dich in den nächsten Ferien wieder besuchen.

So werden die Zeiten gebildet:

Tempus (Zeitstufe)	Bildung mit *haben*	Bildung mit *sein*
Präsens (Gegenwart)	ich glaube du glaubst er, sie, es glaubt wir glauben ihr glaubt sie glauben	ich laufe du läufst er, sie, es läuft wir laufen ihr lauft sie laufen
Präteritum (1. Vergangenheit)	ich glaubte du glaubtest er, sie, es glaubte wir glaubten ihr glaubtet sie glaubten	ich lief du liefst er, sie, es lief wir liefen ihr lieft sie liefen
Perfekt (2. Vergangenheit)	ich habe geglaubt du hast geglaubt er, sie, es hat geglaubt wir haben geglaubt ihr habt geglaubt sie haben geglaubt	ich bin gelaufen du bist gelaufen er, sie, es ist gelaufen wir sind gelaufen ihr seid gelaufen sie sind gelaufen
Plusquamperfekt (3. Vergangenheit)	ich hatte geglaubt du hattest geglaubt er, sie, es hatte geglaubt wir hatten geglaubt ihr hattet geglaubt sie hatten geglaubt	ich war gelaufen du warst gelaufen er, sie, es war gelaufen wir waren gelaufen ihr wart gelaufen sie waren gelaufen
Futur (Zukunft)	ich werde glauben du wirst glauben er, sie, es wird glauben wir werden glauben ihr werdet glauben sie werden glauben	ich werde laufen du wirst laufen er, sie, es wird laufen wir werden laufen ihr werdet laufen sie werden laufen

Wissen kurz gefasst ✓

Das Tempus des Verbs

- Verben drücken aus, wann etwas geschieht, geschah oder geschehen wird.
- Verben können in unterschiedlichen Zeitstufen stehen: im Präsens, im Präteritum, im Perfekt, im Plusquamperfekt und im Futur.

Aktiv und Passiv

Du kannst einen Vorgang aus zwei unterschiedlichen Sichtweisen beschreiben,
Bello biss den Briefträger ins Bein.
Der Briefträger wurde von Bello ins Bein gebissen.
Welcher Unterschied ergibt sich daraus?

Unterscheidung von Aktiv und Passiv

Im ersten Beispiel ist der Hund Bello aktiv, was er tut, ist wichtig.
Im zweiten Beispiel ist wichtig, was dem Briefträger widerfährt. Es geht also darum, was getan wird.

Bello beißt den Briefträger.

Der Briefträger wird von Bello gebissen.

Dieser Unterschied ergibt sich durch die Handlungsrichtung des Verbs: Im ersten Satz steht das Verb im **Aktiv** (Tunform), im zweiten Satz im **Passiv** (Leideform). Die Aktiv- und die Passivform des Verbs zeigen eine unterschiedliche Sicht auf das Geschehen:

- Steht der **Täter** oder der **Urheber eines Geschehens** im Vordergrund, verwendest du die **Aktivform** des Verbs.
- Steht der **Vorgang** an sich im Vordergrund, verwendest du die **Passivform**.

Tipp

Diese Unterscheidung von Aktiv und Passiv ist in verschiedenen **Aufsatzformen** ganz wichtig. In der **Erzählung** und im **Bericht** musst du anschaulich und lebendig schreiben. Du musst auch die handelnden Personen genau benennen und deutlich machen, was sie tun oder getan haben. Deshalb solltest du in der Erzählung und im Bericht vorwiegend im Aktiv schreiben.
Anders ist es bei der **Beschreibung**: Hier kommt es weniger darauf an, wer etwas getan hat, wichtig ist, wie etwas ist. Bei der Beschreibung ist deshalb oft das Passiv angebracht.

Bildung des Passiv

Die Passivformen werden immer mit *werden* oder *sein* und dem Partizip Perfekt des Verbs gebildet.

Konjugationstabelle zu Aktiv und Passiv

Tempus	Aktiv	Passiv
Präsens	er beißt	er wird gebissen
Präteritum	er biss	er wurde gebissen
Perfekt	er hat gebissen	er ist gebissen worden
Plusquamperfekt	er hatte gebissen	er war gebissen worden
Futur	er wird beißen	er wird gebissen werden

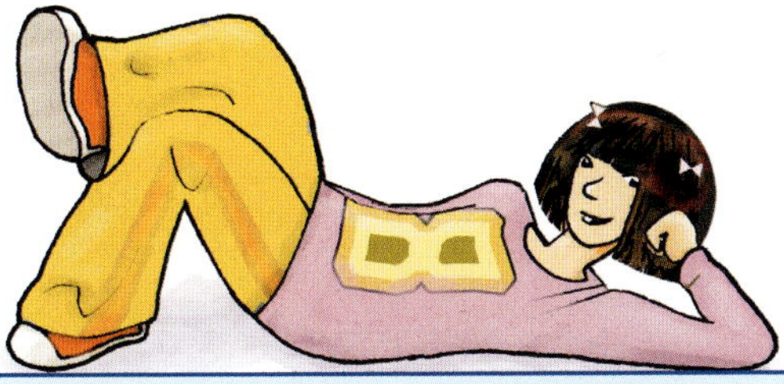

Wissen kurz gefasst ✓

Aktiv- und Passivformen des Verbs

- Von den meisten Verben lässt sich eine Aktiv- und eine Passivform bilden.
- Die Aktivform betont den Täter oder den Urheber einer Handlung, die Passivform betont den Vorgang oder das Geschehen.
- Die Passivformen werden immer mit *werden* oder *sein* und dem Partizip Perfekt des Verbs gebildet.

Das Nomen / Substantiv (Namen- oder Hauptwort) und der Artikel (Begleiter)

Nomen oder Substantive schreibt man immer groß. Man erkennt sie daran, dass man sie mit einem Artikel verwenden kann.

Konkrete und abstrakte Nomen

Nomen lassen sich in zwei Gruppen unterteilen:

Konkreta

Konkreta (Gegenstandswörter) benennen konkrete Dinge, die man anfassen, sehen, hören und riechen kann:

der Baum, das Haus, die Schule, das Essen, die Luft, das Getränk, der See, der Esel

Abstrakta

Abstrakta (Begriffswörter) bezeichnen nur Gedachtes, Nicht-Angreifbares:

die Liebe, der Traum, die Angst, die Grammatik, die Hoffnung, die Freundschaft

Zu den Nomen gehören auch:

Sammelbegriffe

die Möbel, die Speisen, die Getränke, das Obst

Namenwörter

(die) Yasmin, (der) Otto, Deutschland, Hamburg

Das Genus (das grammatikalische Geschlecht)

Allen Nomen ist gemeinsam, dass sie ein grammatikalisches Geschlecht haben. Nomen sind

- **maskulin** (männlich),
- **feminin** (weiblich) oder
- **neutrum** (sächlich).

Das Genus erkennt man am **Artikel** (Begleiter).
Es gibt den bestimmten Artikel: der – die – das,
und den unbestimmten Artikel: ein – eine – ein.

Durch den Artikel ist das grammatikalische Geschlecht festgelegt:

Fachbegriff	deutscher Begriff	Artikel	Beispiel
Maskulinum	männlich	der	der Vater
Femininum	weiblich	die	die Mutter
Neutrum	sächlich	das	das Kind

Nicht immer stimmen das grammatikalische und das biologische Geschlecht überein:

Beispiel	biologisches Geschlecht	grammatikalisches Geschlecht
das Mädchen	weiblich	Neutrum
das Kind	weiblich oder männlich	Neutrum
die Tür	-	Femininum

Manchmal helfen unterschiedliche Artikel, gleichlautende Wörter mit verschiedener Bedeutung auseinanderzuhalten:

das Band (im Haar)	der Band (des Lexikons)
der Heide (der Ungläubige)	die Heide (die Landschaft)
die See (das Meer)	der See (ein großer Teich)

Wissen kurz gefasst ✓

Das Nomen und der Artikel

- Nomen sind Haupt- oder Namenwörter, die immer großgeschrieben werden.
- Jedes Nomen ist an ein bestimmtes Genus (grammatikalisches Geschlecht) gebunden. Der Artikel (der – die – das, ein – eine – ein) macht dieses deutlich.

Das Nomen: Numerus und Kasus

Ich füttere den Hund.
Ich gehe mit den Hunden in die Hundeschule.

Für den Hund macht es einen gewaltigen Unterschied, ob er gefüttert wird oder in der Hundeschule lernen soll.
Doch in diesen beiden Sätzen gibt es auch grammatikalische Unterschiede.
Das Wort „Hund" ist ein Nomen. Das Nomen „Hund" steht im ersten Satz in der Einzahl (Singular) – der Hund ist allein, kein anderer frisst aus seinem Napf!
Wir fragen: Wen füttere ich? Der Hund steht – grammatikalisch – im 4. Fall (Akkusativ).
Im zweiten Satz geht es um mehrere Hunde. Das Nomen „Hunde" steht in der Mehrzahl (Plural). Außerdem müssen wir fragen: Mit wem gehe ich in die Hundeschule? Das Nomen „Hunde" steht im 3. Fall (Dativ).
Das Beispiel zeigt, dass das Nomen auch durch Zahl (Numerus) und Fall (Kasus) bestimmt ist.

Der Numerus (die grammatikalische Zahl)

Die meisten Nomen können im Singular (Einzahl) oder im Plural (Mehrzahl) verwendet werden:

der Hund – die Hunde, das Dach – die Dächer, das Bild – die Bilder,
der Arzt – die Ärzte

Nur wenige Nomen kommen ausschließlich im Singular oder im Plural vor:
nur im Singular gibt es: der Regen, die Faulheit, die Liebe, der Schnee, das Vieh,
nur im Plural gibt es: die Geschwister, die Eltern, die Leute, die Kosten.

Der Kasus (der grammatikalische Fall)

Nomen ändern ihre Form nicht nur durch den Numerus, sondern auch durch den Kasus.
Im Deutschen gibt es vier Fälle:

Fall	Fachbegriff	deutsche Bezeichnung	Frage	Beispiel
1. Fall	Nominativ	Werfall	wer oder was?	der Hund
2. Fall	Genitiv	Wesfall	wessen?	des Hundes
3. Fall	Dativ	Wemfall	wem?	dem Hund
4. Fall	Akkusativ	Wenfall	wen oder was?	den Hund

Nomen kann man folgendermaßen deklinieren (beugen):

Numerus	Kasus	Genus		
		Maskulinum	Femininum	Neutrum
Singular	Nominativ	der Hund	die Katze	das Küken
	Genitiv	des Hundes	der Katze	des Kükens
	Dativ	dem Hund	der Katze	dem Küken
	Akkusativ	den Hund	die Katze	das Küken
Plural	Nominativ	die Hunde	die Katzen	die Küken
	Genitiv	der Hunde	der Katzen	der Küken
	Dativ	den Hunden	den Katzen	den Küken
	Akkusativ	die Hunde	die Katzen	die Küken

Nominalisierung von Verben und Adjektiven (Eigenschaftswörtern)

Tipp

Der Begriff Nominalisierung bedeutet, dass ein Wort, das kein Nomen ist, zu einem gemacht wird. Dies betrifft vor allem das Adjektiv und das Verb. Auch nominalisierte Verben und Adjektive können mit einem Artikel versehen werden.

Kathrin tanzt gern. → Das Tanzen macht ihr Spaß.
Verb → Substantiv (mit Artikel)

Mein Schulranzen ist blau. → Der Blaue ist meiner.
Adjektiv → Substantiv (mit Artikel)

Wissen kurz gefasst ✓

Numerus und Kasus des Substantivs

- Nomen können dekliniert werden. Sie verändern sich dann nach Numerus (Einzahl, Mehrzahl) und Kasus (Fall).
- Verben und Adjektive können nominalisiert, also in Nomen verwandelt werden. Man nennt dies Nominalisierung.

Das Pronomen (Fürwort, Plural: Pronomina)

Wenn du einen Aufsatz schreibst, besteht die Gefahr, dass du Personennamen oder andere Nomen öfter wiederholst. Das wirkt bald eintönig. Deshalb solltest du die Personennamen oder Nomen ab und zu durch ein anderes Wort – ein Pronomen – ersetzen. Das Pronomen ist ein Fürwort, denn es steht oft für ein Nomen oder erklärt ein Nomen näher.

Das Personalpronomen (persönliches Fürwort)

Das Personalpronomen steht stellvertretend für ein Nomen. Es steht immer in dem Genus, Numerus und Kasus, in dem das Nomen auch stehen würde.

Statt:

Thomas geht mit seinem Hund spazieren und gibt seinem Hund das Futter.

schreibst du besser:

Thomas geht mit seinem Hund spazieren und gibt ihm das Futter.

Das Nomen *Hund* ist maskulin und steht im Dativ. *Ihm* ist ebenfalls maskulin und steht auch im Dativ.

Thomas füttert den Hund

oder:

Thomas füttert „ihn"

Tina füttert ihre Katze. Tina füttert sie.

Das Nomen *Katze* ist feminin und steht im Akkusativ. *Sie* ist ebenfalls feminin und steht auch im Akkusativ.

Tina füttert die Katze

oder:

Tina füttert „sie"

Personalpronomen werden so gebeugt (dekliniert):

im Singular	im Plural
ich	wir
du	ihr
er, sie, es	sie

Das Demonstrativpronomen (hinweisendes Fürwort)

Das Demonstrativpronomen weist auf etwas Bestimmtes hin. Das kann sein:

eine Person: Dieser Mann ist mein Vater.
eine Sache: Zeigen Sie mir dieses Buch.
ein Sachverhalt: Warum hast du das getan?

Das Possessivpronomen (besitzanzeigendes Fürwort)

Das Possessivpronomen zeigt an, was zu wem gehört.

Das ist mein Federmäppchen.

Folgende Possessivpronomen gibt es: mein, dein, sein, ihr, unser, euer, ihr

Das Relativpronomen (bezügliches Fürwort)

Die Relativpronomen *der* – *die* – *das* leiten immer einen Nebensatz (Relativsatz) ein.
Die Relativpronomen *welcher* – *welche* – *welches* können ebenfalls verwendet werden, klingen in einem Text aber meist etwas holprig:

Hunde, die(oder: welche) bellen, beißen nicht.

Wissen kurz gefasst ✓

Die Pronomen

- Pronomen sind Fürwörter. Sie stehen für ein Nomen oder erläutern es näher.
- Das Personalpronomen steht stellvertretend für ein Nomen (statt *Thomas* steht *er*).
- Das Demonstrativpronomen weist auf etwas Bestimmtes hin (Ich möchte *dieses* Buch ausleihen).
- Das Possessivpronomen zeigt an, was zu wem gehört (*mein* Federmäppchen).
- Das Relativpronomen bindet einen Nebensatz (Relativsatz) an einen Hauptsatz an (Dem Lehrer, *der* mit uns ins Landheim gefahren ist, bin ich dankbar dafür).

Das Adjektiv (Wiewort, Eigenschaftswort; Plural: Adjektive)

Um einen Menschen, einen Gegenstand oder eine Situation näher zu beschreiben, verwenden wir oft Adjektive. Diese stehen immer nahe beim Nomen, zu dem sie gehören, und zeigen dessen Merkmale und Eigenschaften an. Nach Adjektiven fragt man „Wie ist etwas?".

Gebrauch der Adjektive:

Adjektiv als Attribut

Das Adjektiv kann als Attribut (Beifügung) gebraucht werden, dann steht es vor einem Nomen:

> Die <u>leckere</u> Pizza hat allen Geburtstagsgästen gut geschmeckt.

In diesem Fall richtet sich die Endung des Adjektivs nach dem Nomen, auf das es sich bezieht.

Adjektiv als Teil des Prädikats

Das Adjektiv kann auch Teil des Prädikats sein, dann steht es nach dem Hilfsverb *sein* oder *werden*:

> Die Pizza ist <u>lecker</u>.

Steigerung der Adjektive

Deutsche Bezeichnung	Fachbegriff	Beispiel	
Grundstufe	Positiv	ein kluger Papagei	Dieser Papagei ist klug.
Vergleichs- oder Höherstufe	Komparativ	ein klügerer Papagei	Dieser Papagei ist klüger.
Höchststufe	Superlativ	der klügste Papagei	Dieser Papagei ist am klügsten.

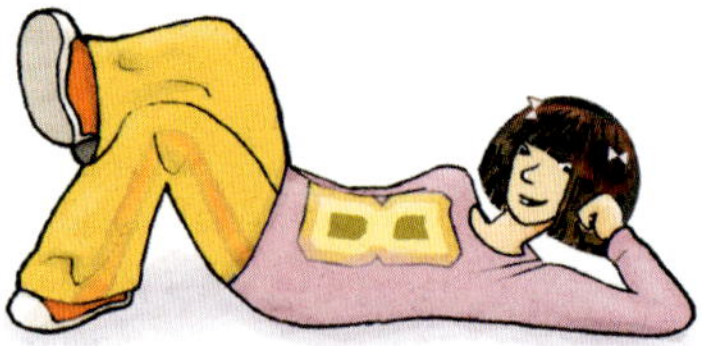

Die **Positivform** verwenden wir, wenn wir zwei Dinge gleichsetzen:

Der Papagei ist klug und das Schaf ist dumm.

Den **Komparativ** brauchen wir, wenn wir zwei Dinge vergleichen:

Der Papagei ist klüger als das Schaf.

Der **Superlativ** wird verwendet, wenn die höchste Steigerung ausgedrückt werden soll oder eine dritte Eigenschaft gegenüber zwei anderen hervorgehoben wird:

Der Papagei ist das klügste Tier.
Am klügsten ist aber der Papagei, weil er menschliche Stimmen nachahmen und ganze Sätze sprechen kann.

Manche Adjektive bilden Komparativ und Superlativ aus einem anderen Stamm als den Positiv:

gut – besser – am besten

Wissen kurz gefasst ✓

Das Adjektiv

- Adjektive beziehen sich immer auf ein Nomen oder ein Pronomen.
- Adjektive kann man steigern; das unterscheidet sie von Adverbien.
- Die Steigerungsformen des Adjektivs heißen Positiv – Komparativ – Superlativ.

Nicht veränderbare Wortarten

Adverbien, Präpositionen und Konjunktionen sind Wortarten, die nicht verändert werden können. Sie sind nicht von einer Person, einem Genus oder einem Numerus abhängig; sie können meist auch nicht gesteigert werden.

Das Adverb (Umstandswort, Plural: die Adverbien)

Das Adverb (lat. = beim Verb) kann beim Verb stehen, es kann aber auch an anderen Stellen im Satz seinen Platz einnehmen. Aus dem Adverb wird die Adverbiale gebildet.

Ich kaufe mir heute mein Pausenbrot am Kiosk.
Draußen liegt Schnee.
Miriam ist ziemlich gut im Rechnen.

Folgende Adverbien kann man unterscheiden:

Adverbien	Fachbegriff	Frage	Beispiel
der Zeit	Temporaladverbien	wann? wie lange? bis wann? seit wann?	nie, dann, jetzt, stets, wieder, gestern, immer, oft, montags, abends, nochmals, bald
des Ortes	Lokaladverbien	wo? wohin? woher?	da, rechts, links, oben, unten, hier, draußen, dort, dorthin, überall, nirgends, vorn, hinten
der Art und Weise	Modaladverbien	wie? auf welche Weise? womit?	so, vielleicht, möglicherweise, ungefähr, anders, sehr, gern, ziemlich
des Grundes	Kausaladverbien	warum? weshalb? aus welchem Grund?	wegen, deswegen, daher, darum, folglich, dadurch, deshalb

Tipp

Adverbien werden, anders als Adjektive, nicht verändert.

Die Präposition (Verhältniswort, Plural: die Präpositionen)

Präpositionen geben das Verhältnis einer Person, einer Sache oder eines Vorgangs zu einer anderen Person oder Sache an. Sie stehen immer vor einem Substantiv oder einer Gruppe von Substantiven.

Das Heft liegt auf dem Lehrerpult.
Zwischen dem Mittagessen und dem Abendessen macht Silke ihre Hausaufgaben.
Sven hat ohne mein Wissen von mir abgeschrieben.

Präpositionen kann man nach ihrer Bedeutung unterscheiden:

Präposition	Beispiel
der Zeit	während, seit, um, bis, ab
des Ortes	neben, unter, über, hinter, in, mit, nach, auf, aus, bei, durch
der Art und Weise	mit, ohne, außer, für
des Grundes	trotz, um...willen, wegen, dank

Die Konjunktion (Bindewort, Plural: die Konjunktionen)

Konjunktionen sind Bindewörter – sie verbinden Wörter, Wortgruppen und Sätze miteinander. Du kannst unterordnende und nebenordnende Konjunktionen unterscheiden. Beispiele für die Verwendung von Konjunktionen:

Verbindung von Wörtern und Wortgruppen:

Max und Moritz, Arme oder Reiche, entweder du oder ich, der schlaue Max und der clevere Moritz, wenige Arme und viele Reiche

Verbindung von Sätzen:

Satzverbindung	Art der Konjunktion	Beispiele	Beispielsätze
Hauptsatz und Nebensatz	unterordnende Konjunktion	dass, weil, als, wenn, nachdem, damit, obwohl, als ob, indem, anstatt dass, wann immer …, bevor, bis	Das Schulhaus ist in den Ferien abgeschlossen, weil niemand hinein muss.
Hauptsatz und Hauptsatz	nebenordnende Konjunktion	und, oder, aber, denn, sowie, wie, entweder … oder, sowohl … als auch, sondern	Das Schulhaus ist in den Ferien abgeschlossen, denn in einem Notfall könnte der Hausmeister aufsperren.

Wissen kurz gefasst ✓

Adverbien, Präpositionen und Konjunktionen

- Adverbien, Präpositionen und Konjunktionen können nicht verändert werden.
- Das Adverb gibt Auskunft auf die Fragen wann? wie lange? wo? wohin? woher? wie? auf welche Weise? womit? Adverbien lassen sich nach Temporaladverbien, Lokaladverbien, Modaladverbien und Kausaladverbien unterscheiden.
- Präpositionen geben ein Verhältnis (zu einer Person, einer Sache oder einem Vorgang) an.
- Konjunktionen sind Bindewörter, die zwischen Wörtern, Wortgruppen oder Sätzen stehen. Man unterscheidet nebenordnende und unterordnende Konjunktionen.

Der Satz

Damit du dich verständlich äußern kannst, musst du Sätze bilden. Je nach Anlass und Aussageabsicht können das Aussagesätze, Ausrufesätze oder Fragesätze sein. Sätze stehen aber nur selten vereinzelt. Man kann Satzgefüge oder Texte aus ihnen bilden, die aus Haupt- und Nebensätzen bestehen.

Beispiel	Satzart
Die nächsten Sommerferien verbringe ich bei einer Gastfamilie in England.	Aussagesatz
Könnte ich doch die nächsten Sommerferien bei einer Gastfamilie in England verbringen! Du musst die nächsten Sommerferien bei einer Gastfamilie ein England verbringen! Verbring doch die nächsten Sommerferien bei einer Gastfamilie in England!	Ausrufesatz – Wunschsatz – Befehlssatz – Aufforderungssatz
Willst du die nächsten Sommerferien bei einer Gastfamilie in England verbringen? Warum willst du die nächsten Sommerferien bei einer Gastfamilie in England verbringen?	Fragesatz – Entscheidungsfrage – Ergänzungsfrage
Die nächsten Sommerferien verbringe ich in einer Gastfamilie in England, …	Hauptsatz
… weil ich meine Sprachkenntnisse verbessern will.	Nebensatz

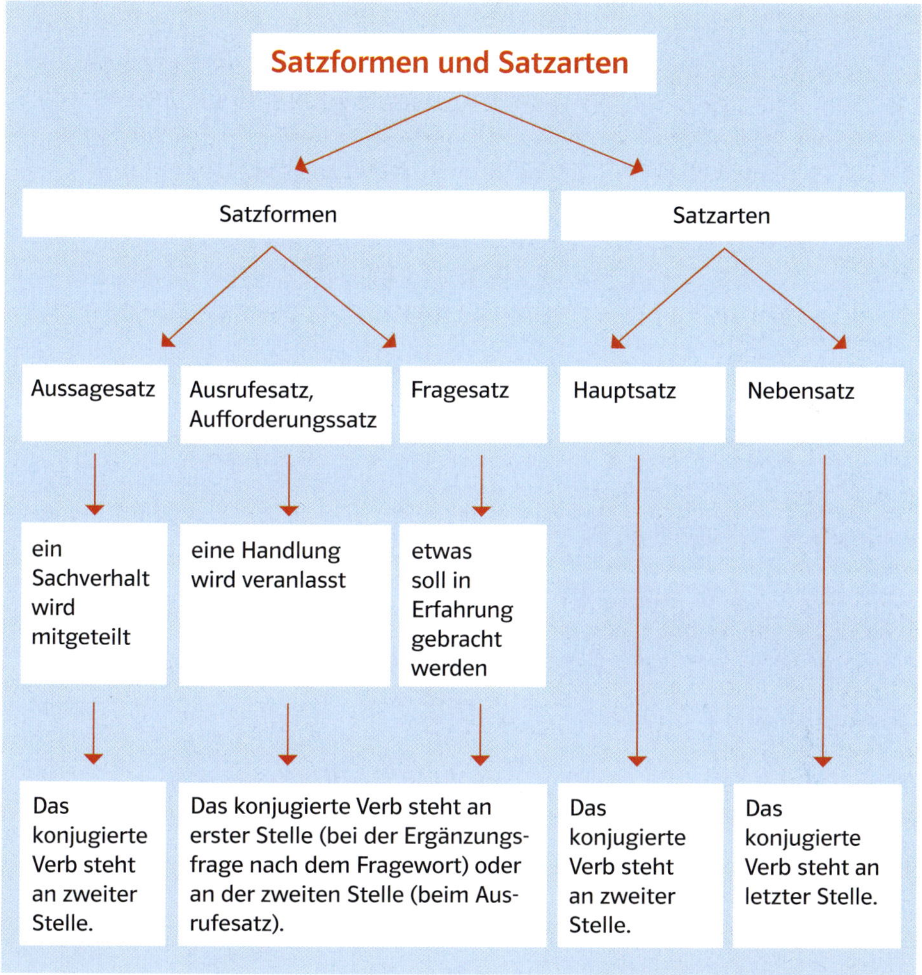

Wissen kurz gefasst ✓

Kennzeichen der verschiedenen Satzarten und Satzformen

- Wir unterscheiden nach ihrer Funktion den Aussage-, Ausrufe- und Fragesatz.
- Man kann Sätze auch nach Haupt- und Nebensätzen unterscheiden – je nach Bauform und Stellung der konjugierten Verbform.

Die Satzarten

Je nachdem, was du ausdrücken willst, musst du dich äußern: Wenn du eine Aussage machen willst, solltest du einen Aussagesatz bilden. Wenn du andere zu etwas auffordern willst, bildest du einen Ausrufe- oder Aufforderungssatz. Wenn du etwas erfahren möchtest, musst du einen Fragesatz bilden.

Der Aussagesatz

Er dient dazu, einen Sachverhalt mitzuteilen oder zu behaupten. Er wird mit einem Punkt abgeschlossen. In einem Aussagesatz steht das konjugierte Verb (die Personalform des Verbs) immer an der zweiten Stelle im Satz:

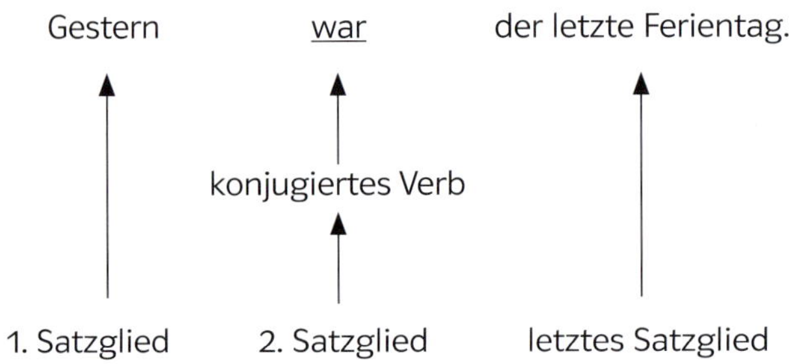

Der Ausrufesatz

Der Ausrufesatz wird auch Aufforderungs-, Befehls- und Wunschsatz genannt. Mit ihm veranlasst du bestimmte Handlungen. Er wird meist mit einem Ausrufezeichen abgeschlossen. In einem Ausrufesatz steht das konjugierte Verb meistens an der ersten Stelle im Satz:

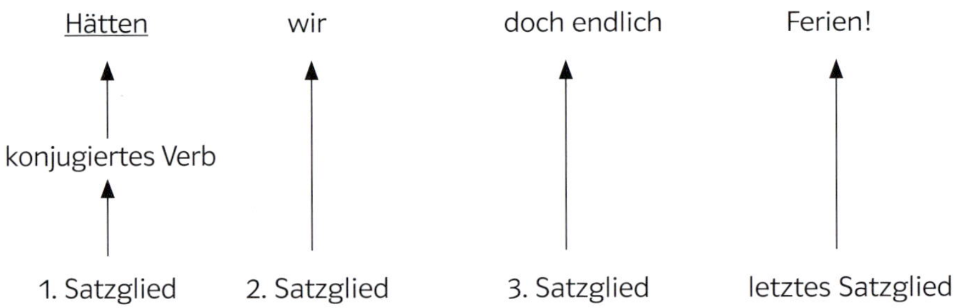

Der Fragesatz

Durch den Fragesatz möchte der Sprecher oder Schreiber etwas in Erfahrung bringen. In einem Fragesatz steht das konjugierte Verb an der ersten Stelle im Satz oder hinter dem Fragewort.

Hättest	du	gern	Ferien?
↑ konjugiertes Verb ↑	↑	↑	↑
1. Satzglied	2. Satzglied	3. Satzglied	letztes Satzglied

Wann	sind	die nächsten Ferien?
↑	↑ konjugiertes Verb ↑	↑
1. Satzglied	2. Satzglied	letztes Satzglied

Wissen kurz gefasst ✓

Kennzeichen der verschiedenen Satzarten

- Wir unterscheiden nach ihrer Funktion den Aussage-, Ausrufe- (oder Aufforderungs-) und Fragesatz.
- Der Aussagesatz endet mit einem Punkt. Das konjugierte Verb steht an der zweiten Stelle im Satz.
- Der Ausrufesatz endet mit einem Ausrufezeichen. Das konjugierte Verb steht meist an der ersten Stelle im Satz.
- Der Fragesatz endet mit einem Fragezeichen. Das konjugierte Verb steht an der ersten Stelle im Satz oder nach dem Fragewort an der zweiten Stelle.

Hauptsatz und Nebensatz

Es gibt Haupt- und Nebensätze. Hauptsätze sind vollständige Sätze mit Subjekt und Prädikat. Nebensätze kommen nur in Verbindung mit einem Hauptsatz vor. Wenn du nur in Nebensätzen sprichst, wird dich niemand verstehen. Wenn du nur Hauptsätze bildest, klingt es bald eintönig – besonders im Aufsatz. Du solltest deshalb zwischen einfachen und zusammengesetzten Sätzen abwechseln.

Einfache Sätze sind Haupt- und Nebensätze:

Der Hauptsatz

Er ist ein selbstständiger Satz, der allein stehen kann. Er kann ein Aussage-, Ausrufe- oder Fragesatz sein.

Ich freue mich schon auf die Weihnachtsferien. → Aussagesatz
Endlich beginnen die Weihnachtsferien! → Ausrufesatz
Wann beginnen die Weihnachtsferien? → Fragesatz

In einem **Aussagesatz** steht das konjugierte Verb immer an der 2. Stelle im Satz:

Ich freue mich schon auf die Weihnachtsferien.

Der Nebensatz

Er ist ein abhängiger Satz, der nicht allein stehen kann. In einem Nebensatz steht das konjugierte Verb an der letzten Stelle im Satz:
(Hauptsatz: Ich freue mich schon auf die Weihnachtsferien,)
Nebensatz: weil ich dann endlich zum Skifahren gehen darf.

Sätze lassen sich miteinander verbinden:

Hauptsatz und Hauptsatz

Hauptsätze können unverbunden nebeneinanderstehen. Verbindet man einen **Hauptsatz** mit einem anderen **Hauptsatz**, spricht man von einer **Satzreihe**.

HS 1: Ich freue mich schon auf die Weihnachtsferien.
↑ konjugiertes Verb an der 2. Stelle im Satz

HS 2: Dann möchte ich endlich zum Skifahren gehen.
↑ konjugiertes Verb an der 2. Stelle im Satz

Die Verbindung der beiden Hauptsätze ergibt eine **Satzreihe**:

Ich freue mich schon auf die Weihnachtsferien, dann möchte ich endlich zum Skifahren gehen.

Hauptsätze werden durch **nebenordnende Konjunktionen** (und, oder, denn) miteinander verbunden.

Hauptsatz und Nebensätze

Nebensätze treten nur im Zusammenhang mit einem **Hauptsatz** auf. Verbindet man einen Hauptsatz mit einem oder mehreren Nebensätzen, spricht man von einem **Satzgefüge**:

HS: Ich freue mich schon auf die Weihnachtsferien,
↑ konjugiertes Verb an 2. Stelle

NS 1: weil ich dann endlich zum Skifahren gehen darf
↑ konjugiertes Verb an letzter Stelle

NS 2: und meine neuen Ski ausprobieren kann.
↑ konjugiertes Verb an letzter Stelle

Haupt- und Nebensätze werden durch **unterordnende Konjunktionen** (da, weil, denn, als) miteinander verbunden.

Wissen kurz gefasst ✓

Hauptsatz und Nebensatz

- Hauptsätze können allein stehen. Wir unterscheiden nach ihrer Funktion den Aussage-, Ausrufe- und Fragesatz. Das konjugierte Verb steht beim Aussagesatz immer an der 2. Stelle im Satz.
- Nebensätze sind von einem Hauptsatz abhängig. Das konjugierte Verb steht im Nebensatz immer an der letzten Stelle im Satz.
- Hauptsätze werden durch nebenordnende Konjunktionen (und, oder) miteinander verbunden und bilden eine Satzreihe.
- Haupt- und Nebensätze werden durch unterordnende Konjunktionen (weil, denn, als usw.) miteinander verbunden und bilden ein Satzgefüge.

Satzglieder ermitteln

Wenn du wissen willst, aus wie vielen Satzgliedern ein Satz besteht und um welche Satzglieder es sich dabei handelt, kannst du verschiedene Proben anwenden. Mit ihrer Hilfe kannst du die Satzglieder ermitteln, bestimmen, sie streichen oder ergänzen.

Die Umstellprobe (oder Verschiebeprobe)

Sie zeigt, aus wie vielen Satzgliedern ein Satz besteht und welche Wörter zu einem Satzglied gehören. Dabei kannst du dir merken: **Jede Wortgruppe, die zusammenhängend verschoben werden muss, bildet ein Satzglied.**
Beispiel: Der Schulleiter hat ein Büro im Erdgeschoss.

Du kannst den Satz auf folgende Arten umstellen:

Ein Büro / hat / der Schulleiter / im Erdgeschoss.
Im Erdgeschoss / hat / der Schulleiter / ein Büro.

Damit ist klar geworden, dass der Satz aus vier Satzgliedern besteht:

Der Schulleiter / hat / ein Büro / im Erdgeschoss.

Die Ersatzprobe

Dabei bleibt das Verb erhalten, alle anderen Satzglieder werden durch andere Wörter ersetzt. Auch dadurch wird deutlich, aus wie vielen Satzgliedern ein Satz besteht.
Beispiel: Der Schulleiter hat ein Büro im Erdgeschoss.

Die Ersatzprobe bringt folgendes Ergebnis:
Statt:

Der Schulleiter / hat / ein Büro / im Erdgeschoss.

kannst du sagen:

Er / hat / es / dort.

Auch damit ist klar geworden, dass der Satz aus vier Satzgliedern besteht.

Die Weglassprobe (oder Abstreichprobe)

Sie zeigt, aus welchen Bestandteilen ein Satz besteht. Du kannst den Satz

Der Schulleiter hat ein Büro im Erdgeschoss.

so verkürzen, dass er lautet:

Der Schulleiter hat ein Büro.

Damit hast du die absolut notwendigen Satzglieder herausgefunden.
Das Beispiel zeigt, dass sich der Sinn des Satzes nicht wesentlich verändert, dass die Aussage aber ungenauer geworden ist.

Die Weglassprobe hilft dir, deine Aussagen (z. B. beim Bericht) auf das Notwendige zu reduzieren.

Die Erweiterungsprobe

Sie hilft herauszufinden, welche Satzglieder ergänzt werden könnten, um den Satz aussagekräftiger zu machen:

Der Schulleiter hat ein Büro.

Folgende Ergänzungen sind neben anderen möglich:

Der neue Schulleiter hat ein Büro.
Der neue Schulleiter hat ein frisch renoviertes Büro.
Der neue Schulleiter hat ein frisch renoviertes Büro im Erdgeschoss.
Der neue, gutaussehende Schulleiter, Herr Obenhuber, hat ein frisch renoviertes Büro im Erdgeschoss.

Die Erweiterungsprobe hilft dir besonders beim Überarbeiten eigener Texte, weil sie deutlich macht, an welchen Stellen der Satz noch aussagekräftiger gestaltet werden könnte.

Wissen kurz gefasst ✓

Satzglieder ermitteln

- Satzglieder kannst du mit Hilfe verschiedener Proben ermitteln.
- Die Umstellprobe zeigt dir, wie viele Satzglieder es in einem Satz gibt und welche Wörter zu einem Satzglied gehören.
- Die Ersatzprobe zeigt ebenfalls, aus wie vielen Satzgliedern ein Satz besteht.
- Die Weglassprobe zeigt, welche Satzglieder verzichtbar sind, und kann helfen, einen Text knapper und sachlicher zu gestalten.
- Die Erweiterungsprobe hilft, Satzglieder zu finden, die einen Text aussagekräftiger machen können.

Die Satzglieder

Wenn du einen Satz bildest, reihst du nicht unzusammenhängende Wörter aneinander, da dich so niemand verstehen würde. Dein Satz besteht immer aus zusammenhängenden Einheiten. Diese nennt man Satzglieder.
Folgende Satzglieder solltest du kennen:

Das Subjekt (Satzgegenstand)
ist einer der Grundbausteine des Satzes. Es wird meist aus einem Nomen (Substantiv) oder Pronomen gebildet und steht immer im Nominativ:

der Kaktus – ich – der Polizist – das Kamel – Evelin

Das Prädikat (Satzaussage)
ist ebenfalls ein unverzichtbarer Satzbaustein;
es besteht aus der konjugierten Form des Verbs:

ich lese – du liest – er, sie, es liest –
wir lesen – ihr lest – sie lesen

Das Objekt (Satzergänzung)
kann einen Satz ergänzen. Es gibt aber viele Sätze, die ohne Objekt auskommen. Das Objekt wird – wie das Subjekt – meist aus einem Nomen oder aus einem Pronomen gebildet. Objekte stehen im Genitiv, Dativ oder im Akkusativ, aber nie im Nominativ – der 1. Fall ist dem Subjekt vorbehalten:

das Buch – den Hasen – die Hexe – des Freundes – die Geschwister – dem Lehrer

Das Adverbiale (Umstandsbestimmung)
ist ein Satzglied, das ein Geschehen näher bestimmt. Es kann als Wort, als Wortgruppe und als Gliedsatz vorkommen:

Markus liest gern Abenteuerromane.
Nach dem Lesen von Abenteuerromanen schläft Markus meist sehr unruhig.
Wenn Markus einen Abenteuerroman gelesen hat, schläft er meist sehr unruhig.

Das Attribut (Beifügung)
dient der näheren Bestimmung des Nomens. Es ist kein selbstständiges Satzglied, sondern Teil eines Satzgliedes:

die neue Mitschülerin – Dr. Wichtig, unser Hausarzt – das eingebundene Schulbuch

Satzglieder

unverzichtbare Grundbausteine des Satzes		Satzglieder, die ergänzend verwendet werden können		
Subjekt	Prädikat	Objekt	Adverbiale	Attribut
steht immer im Nominativ	verändert sich nach Tempus, Numerus und Genus	steht im Genitiv, Dativ oder Akkusativ	antwortet auf die Frage wann? warum? wie? wo?	das Attribut hängt grammatikalisch von seinem Bezugswort ab
wird meist aus dem Nomen/Substantiv oder einem Pronomen gebildet	wird aus dem Verb gebildet	wird meist aus dem Nomen/Substantiv oder einem Pronomen gebildet	wird oft aus dem Adverb gebildet	wird aus dem Adjektiv, dem Adverb, der Apposition, dem Nomen im Genitiv, der Präposition mit Nomen gebildet

Wissen kurz gefasst ✓

Die Satzglieder

- Satzglieder, die es in jedem Satz geben muss, sind das Subjekt und das Prädikat.
- Ergänzend können Objekte, Adverbialen und Attribute hinzukommen.

Das Prädikat (die Satzaussage, Pural: die Prädikate)

Das Prädikat ist ein unverzichtbarer Satzbaustein – ohne Prädikat kannst du keinen vollständigen Satz formulieren. Das Prädikat wird immer aus einem Verb gebildet.

Die Schülerin lernt den Text.
Alle Schülerinnen und Schüler werden gelobt.
Die Besten bekommen einen „Das hast du super gemacht!"-Stempel auf ihre Arbeit.

Merkmale des Prädikats

Das Prädikat ist immer durch folgende Merkmale bestimmt:

Die Person

Das Prädikat muss immer in der 1., 2. oder 3. Person stehen.

Ich lerne den Text.	1. Person	Singular
Du lernst den Text.	2. Person	Singular
Er, sie, (es) lernt den Text.	3. Person	Singular
Wir lernen den Text.	1. Person	Plural
Ihr lernt den Text.	2. Person	Plural
Sie lernen den Text.	3. Person	Plural

Das Numerus

Das Prädikat kann immer im Singular oder im Plural stehen.

Ich lerne den Text.	Singular
Wir lernen den Text.	Plural

Das Tempus

Das Prädikat kann immer in allen Zeiten stehen (im Präsens, im Präteritum, im Perfekt, im Plusquamperfekt, im Futur).

Ich lerne den Text.	Präsens
Ich lernte den Text.	Präteritum
Ich habe den Text gelernt.	Perfekt
Ich hatte den Text gelernt.	Plusquamperfekt
Ich werde den Text lernen.	Futur

Das Genus

Das Prädikat kann immer im Aktiv oder im Passiv stehen.

Ich lerne den Text.	Aktiv
Der Text wird gelernt.	Passiv

Bildung des Prädikats

Einfaches und zusammengesetztes Prädikat

Ein Prädikat kann einteilig oder zusammengesetzt vorkommen. Das einteilige Prädikat besteht aus der konjugierten Form des Verbs, das zusammengesetzte aus der konjugierten Verbform und einem unbestimmten Teil des Verbs (Infinitiv).

Die Schülerin lernt den Text.
↑ konjugiertes Verb

Die Schülerin wird den Text lernen.
↑ konjugierter Verbteil ↑ unbestimmter Verbteil

Wissen kurz gefasst ✓

Das Prädikat

- In jedem vollständigen Satz gibt es ein Prädikat, das aus einem Verb gebildet wird.
- Das Prädikat ist durch vier Merkmale bestimmt: Person, Numerus, Tempus und Genus.
- Wir unterscheiden das einteilige und das zusammengesetzte Prädikat: Das einteilige Prädikat besteht nur aus der konjugierten Verbform, das zusammengesetzte Prädikat besteht aus der konjugierten und der unbestimmten Form des Verbs.

Das Subjekt (der Satzgegenstand, Plural: die Subjekte)

Das Subjekt ist ein unverzichtbarer Satzbaustein – ohne Subjekt kannst du keinen vollständigen Satz bilden. Das Subjekt wird meist aus einem Nomen/Substantiv, einem Pronomen oder einem substantivierten Adjektiv gebildet. Es steht immer im Nominativ.

Die Lehrerin gibt die Klassenarbeit zurück.
Sie lobt alle Schülerinnen und Schüler, weil sie so gut gelernt haben.
Die Beste bekommt einen „Das hast du super gemacht!"-Stempel auf ihre Arbeit.

Das Subjekt eines Satzes findet man immer durch die Frage **„wer oder was?"** heraus:
Wer oder was gibt die Klassenarbeit zurück? Antwort: Die Lehrerin
Wer oder was lobt alle Schülerinnen und Schüler, weil sie so gut gelernt haben? Antwort: Sie
Wer oder was bekommt einen „Das hast du super gemacht!"-Stempel auf ihre Arbeit? Antwort: Die Beste

Das Subjekt stimmt immer in Person und Numerus mit dem Prädikat überein:

Die Lehrerin gibt die Klassenarbeit zurück.

3. Person Singular — 3. Person Singular

Die Lehrerin gibt die Klassenarbeiten zurück.

3. Person Singular — 3. Person Singular

 Sie (3. Person Plural) geben (3. Person Plural) die Klassenarbeit zurück. 

 Sie (3. Person Plural) geben (3. Person Plural) die Klassenarbeiten zurück. 

Wissen kurz gefasst ✓

Das Subjekt

- In jedem vollständigen Satz gibt es ein Subjekt, das meist aus einem Nomen, einem Pronomen oder einem nominalisierten Adjektiv gebildet wird.
- Das Subjekt steht immer im Nominativ.
- Das Subjekt stimmt immer in Person und Numerus mit dem Prädikat überein.

Das Objekt (die Satzergänzung, Plural: die Objekte)

Mit dem Objekt kannst du die Aussage eines Satzes um neue Informationen ergänzen. Deshalb nennt man das Objekt die Satzergänzung. Nicht jeder Satz braucht ein oder mehrere Objekte. Ein vollständiger Satz kommt auch ohne Objekt aus. Sätze mit einem Objekt sagen aber meist mehr aus als Sätze ohne Objekt.
Manchmal ist ein Objekt nötig, weil das Prädikat eine Ergänzung erfordert.
Ein Objekt kann nie im 1. Fall stehen – der 1. Fall ist für das Subjekt reserviert.
Objekte stehen immer im 2., 3. oder 4. Fall.

Ein vollständiger Satz, der nur aus dem Subjekt und dem Prädikat gebildet ist, lautet z. B.:

Svenja	liest.
↑	↑
Subjekt	Prädikat

Die Aussage dieses Satzes kann durch ein Objekt genauer bestimmt werden, muss aber nicht:

Svenja	liest	ihr Lieblingsbuch.
↑	↑	↑
Subjekt	Prädikat	Akkusativobjekt

Folgender Satz braucht jedoch aufgrund des Prädikats in jedem Fall ein Objekt; sonst ist er nicht vollständig:

Der Lehrer	lobt.
↑	↑
Subjekt	Prädikat

Der Satz muss lauten:

Der Lehrer	lobt	die Schülerinnen und Schüler.
↑	↑	↑
Subjekt	Prädikat	Akkusativobjekt

Folgende Objekte kannst du unterscheiden:

Objekt	**Fachbegriff**	**Frage nach dem Objekt**	**Beispiele**
Objekt im 2. Fall	Genitivobjekt	wessen?	Vanessa leiht ihrem Deutschlehrer das Märchenbuch ihrer Oma.
Objekt im 3. Fall	Dativobjekt	wem?	Vanessa gibt ihrem Deutschlehrer ihr Poesiealbum.
Objekt im 4. Fall	Akkusativobjekt	wen oder was?	Der Lehrer lobt die Schülerinnen und Schüler.

Wissen kurz gefasst ✓

Das Objekt

- Ob ein Satz ein Objekt braucht, liegt am Verb. Es gibt viele vollständige Sätze, die ohne Objekt auskommen.
- Das Objekt steht immer im Genitiv, Dativ oder im Akkusativ.

Das Adverbiale (die Umstandsbestimmung, Plural: die Adverbialien)

Das Adverbiale ist nicht unbedingt notwendig. Es erläutert einen Umstand jedoch näher und kann die Aussage eines Satzes genauer machen. Du musst also immer selbst entscheiden, ob du Sätze mit oder ohne Adverbiale schreiben willst.

Beispiel für einen Satz mit einem Adverbiale:

Die Sportlehrerin	lobt	die Schülerinnen	nach dem Wettkampf.
↑	↑	↑	↑
Subjekt	Prädikat	Akkusativobjekt	Adverbiale

Nach diesem Adverbiale wird so gefragt: Wann lobt die Sportlehrerin die Schülerinnen?
Antwort: nach dem Wettkampf
Da eine Zeit angegeben wird, handelt es sich um eine Temporaladverbiale.

Folgende Adverbiale kann man unterscheiden:

Adverbiale	Fachbegriff	Frage	Beispiel
Adverbiale der Zeit	Temporaladverbiale	wann? wie oft? wie lange?	Ich brauche etwa eine Stunde für die Hausaufgabe.
Adverbiale des Ortes	Lokaladverbiale	wo? woher? wohin? bei wem?	Das Ergebnis ist im Lösungsheft angegeben.
Adverbiale der Art und Weise	Modaladverbiale	wie? auf welche Weise? womit? ohne was?	Diese Aufgabe ist einfach.
Adverbiale des Grundes	Kausaladverbiale	warum? weshalb? aus welchem Grund?	Aus Ärger warf Tina ihr Englischheft weg.

Wissen kurz gefasst ✓

Das Adverbiale

- Das Adverbiale ist ein Satzglied, das nicht unbedingt erforderlich ist.
- Das Adverbiale erläutert die Aussage eines Satzes näher.
- Du kannst verschiedene Adverbialen unterscheiden, z. B. das temporale, lokale, kausale und modale Adverbiale.

Das Attribut (die Beifügung, Plural: die Attribute)

Das Attribut ist eine Ergänzung, eine Beifügung. Mit seiner Hilfe kannst du Einzelheiten in deinem Satz genauer beschreiben. Das Attribut gehört aber nicht zu den notwendigen Satzbausteinen, es ist auch kein eigenständiges Satzglied, sondern ein Teil eines Satzglieds. Es kann deshalb auch nur gemeinsam mit dem Satzglied, auf das es sich bezieht, verschoben werden. Das Attribut kann vor oder nach dem Satzglied stehen, auf das es sich bezieht.

Attribute können sich auf folgende Wortarten beziehen:

Nomen: der lesende Schüler
Der lesende Schüler verpasste den Unterrichtsstoff.

Pronomen: sie alle
Miriam kennt sie alle.

Adjektiv: recht einfach
Mathematik ist für die Schüler der 6b recht einfach.

Adverb: weit hinten
Der Lehrer saß im Bus weit hinten.

Verb: langsam lesen
Ottmar kann nur langsam lesen.

Attribute werden meist aus folgenden Wortarten und Formen gebildet:

Nomen im Genitiv: der Lehrerin
Olga wollte das Buch der Lehrerin ausleihen.

Präposition und Nomen: mit dem Hut
Den Mann mit dem Hut kennen alle Kinder.

Adjektiv: einfach
Die einfache Prüfung haben alle bestanden.

Partizip: trödelnd
Der trödelnde Schüler kam zu spät in den Unterricht.

Beispiele für Sätze mit einem Attribut:

- Der neue Atlas gefällt allen Schülerinnen und Schülern.

  Attribut → neue; Prädikat → gefällt; Dativobjekt → allen Schülerinnen und Schülern

  Subjekt: Der neue Atlas

Dieses Attribut bestimmt das Subjekt des Satzes näher.

- Der Atlas gefällt allen interessierten Schülerinnen und Schülern.

  Subjekt → Der Atlas; Prädikat → gefällt; Dativobjekt: allen interessierten Schülerinnen und Schülern

  Attribut → interessierten

Dieses Attribut bestimmt das Objekt des Satzes näher.

Tipp

Du kannst deine Sätze anschaulicher und genauer machen, wenn du passende Attribute verwendest. Mit Hilfe der Erweiterungsprobe kannst du feststellen, an welche Stelle du ein Attribut einfügen kannst. Statt:

Der Atlas gefällt allen Schülerinnen und Schülern.

kannst du genauer schreiben:

Der neue Atlas gefällt allen interessierten Schülerinnen und Schülern.

Wissen kurz gefasst ✓

Das Attribut

- Das Attribut bestimmt ein Satzglied näher.
- Das Attribut ist kein Satzglied, sondern Teil eines Satzgliedes. Wenn der Satz umgestellt wird, wird es immer zusammen mit dem Satzglied, auf das es sich bezieht, verschoben.
- Ein Attribut wird meist aus einem Nomen im Genitiv, einer Präpositionen zusammen mit einem Nomen, einem Adjektiv oder einem Partizip gebildet.
- Mögliche Attribute, die die Aussage eines Satzes genauer machen, kannst du durch die Erweiterungsprobe herausfinden.

Groß- und Kleinschreibung

Die Frage, wann man ein Wort groß- und wann man es kleinschreibt, ist nicht immer ganz leicht zu beantworten. Folgendes Beispiel zeigt das:

Ich möchte heute noch in die Bibliothek gehen.
Gehen wir in die Bibliothek!

Warum wird *gehen* einmal groß- und einmal kleingeschrieben?
Im ersten Satz steht das Verb *gehen* im Satz, im zweiten Satz steht es am Satzanfang. Die Regel lautet: Am Satzanfang wird immer großgeschrieben.

Du siehst, mit Hilfe von Regeln kann man eine Entscheidung treffen, ob ein Wort groß- oder kleingeschrieben wird. Wenn du die Regeln kennst, wirst du auch schwierigere Probleme lösen.

Regel 1

Am Satzanfang wird immer großgeschrieben:
Ein neuer Satz beginnt immer nach einem Schlusspunkt, nach einem Ausrufe- oder Fragezeichen. Folgt nach einem Doppelpunkt ein vollständiger Satz, schreibt man das erste Wort ebenfalls groß.

Regel 2

Alle Substantive schreibt man groß:
das **B**uch, der **H**und, das **S**chiff, die **E**ule

Wird ein Verb oder ein Adjektiv als Substantiv gebraucht, schreibt man es ebenfalls groß. In diesem Fall spricht man davon, dass ein Verb oder Adjektiv nominalisiert (also zu einem Nomen gemacht) wird. Solche nominalisierten Verben oder Adjektive werden mit einem Artikel gebraucht:

das Lesen, das Schreiben, das Ausleihen, das Kaufen, das Spannendste, das Neue

Diese Regel erklärt auch folgendes Beispiel:
Welches Buch willst du lesen? *lesen* ist ein Verb und wird kleingeschrieben.
Beim Lesen des Buchs bin ich eingeschlafen. Hier könnte man statt *beim Lesen* auch sagen *bei dem Lesen*. Vor *Lesen* steht ein Artikel, der das Verb zu einem Nomen macht. Deshalb schreibt man hier *Lesen* groß.

Regel 3

In einem Brief schreibt man die höfliche Anrede „Sie“ immer groß:

Ich grüße **Sie** ganz herzlich. Ich gratuliere **Ihnen** zu **Ihrem** Geburtstag.

Die persönliche Anrede „du“ kann man in Briefen auch großschreiben:

Vielen Dank für **deinen/Deinen** Brief.

Regel 4

Alle Eigennamen sind Substantive, deshalb schreibt man sie groß:

Eva, Berlin, New York, Australien

Manche Eigennamen bestehen zusätzlich zum Nomen aus einem Adjektiv. Da dieses aber ein fester Bestandteil des Begriffs ist, schreibt man sie ebenfalls groß:

Schwäbische Alb, Bayerischer Wald, Stiller Ozean, Kleiner Bär, Vereinte Nationen

Wissen kurz gefasst ✓

Groß- und Kleinschreibung

- Am Satzanfang (also nach Punkt, Frage- und Ausrufezeichen, auch nach Doppelpunkt, wenn ein vollständiger Satz folgt) wird immer großgeschrieben.
- Alle Nomen und nominalisierten Verben und Adjektive schreibt man groß.
- In einem Brief schreibt man die höfliche Anrede immer groß, die persönliche Anrede kann man groß- oder kleinschreiben.
- Alle Eigennamen schreibt man groß.
- Alle anderen Wörter (Verben, Adjektive, Adverbien, Pronomen usw.) schreibt man klein.

Schreibung nach kurz gesprochenem Vokal (Schärfung)

Sprache hat nicht nur mit Sprechen und Schreiben zu tun, sondern auch mit Hören. Du hörst nämlich nicht nur, was der andere sagt, sondern auch wie er es sagt.
Es macht einen großen Unterschied, ob du *Aal* oder *All* hörst. Worin liegt dieser Unterschied? Er liegt in der Länge des Vokals -a-. In *Aal* wird das -a- lang gesprochen, in *All* nur kurz. Um das kenntlich zu machen, wird der nachfolgende Konsonant verdoppelt. Man spricht auch von der Schärfung des Konsonanten.

Die Regeln für die Schreibung nach kurz gesprochenem Vokal lauten:

Regel 1
Folgt auf einen kurzen Vokal ein Konsonant, wird dieser meist verdoppelt:
Egge, Ebbe, Schiff, schmuggeln, paddeln, schlaff, Robbe, Nummer

Regel 2
Folgen auf einen kurzen Vokal zwei Konsonanten, werden diese nicht verdoppelt:
Salz, Schrank, Balken, Nelken, Hirn, schimpfen, Herz, Schmerz, stark, Sumpf

Regel 3
Folgen auf einen kurzen Vokal zwei Konsonanten des Buchstaben -k- oder -z- gilt folgende Ausnahme: Statt -kk- schreibt man -ck-, statt -zz- schreibt man -tz-:
spicken, necken, locken, wecken, hacken, schützen, nützen, Mütze, Besitz, Witz, Spatz

Regel 4
Treffen bei zusammengesetzten Wörtern ein Doppelkonsonant und ein gleicher einfacher Konsonant aufeinander, stehen drei gleiche Konsonanten hintereinander:
Schifffahrt, Balletttänzer, Brennnessel, Pappplakat, Kontrolllampe

Tipp

Eine Ausnahme von dieser Regel bilden die Wörter *Mittag*, *Drittel* und *dennoch*, die auch aus *Mitt-tag*, *Dritt-tel* und *denn noch* zusammengesetzt sind. Sie gelten inzwischen als eigenständige Wörter.

Regel 5

Die Konsonanten c, h, q, v, w, x und y werden nicht verdoppelt.

Tipp

Wenn du dir nicht sicher bist, ob man ein Wort mit einfachem oder doppeltem Konsonanten schreibt, kannst du den Trick anwenden, das Wort zu verlängern und die Trennung herauszufinden:

Enya ~~budelt~~ im Sand oder: Enya buddelt im Sand?

Bei einem Verb solltest du den Infinitiv bilden: buddeln, Trennung: bud-deln.

Kevin geht oft ins Kino oder: Kevin geht ~~offt~~ ins Kino?

Ein Adjektiv solltest du steigern: oft – öfter, Trennung: öf-ter.

Mit der Lupe untersuche ich das Insekt oder: Mit der ~~Luppe~~ untersuche ich das Insekt?

Bei einem Substantiv bildest du die Pluralform: die Lupe – die Lupen, Trennung: die Lu-pen.

In Wörterbüchern werden kurze Vokale mit einem Punkt unter dem Vokal gekennzeichnet. Lange Vokale bekommen einen Strich.

Wissen kurz gefasst ✓

Schreibung nach kurz gesprochenem Vokal

- Nach kurz gesprochenem Vokal wird der folgende Konsonant oft verdoppelt.
- Folgen auf einen kurzen Vokal zwei Konsonanten, werden diese nicht verdoppelt.
- Statt -kk- schreibt man -ck-, statt -zz- schreibt man -tz-.
- Treffen bei zusammengesetzten Wörtern ein Doppelkonsonant und ein gleicher einfacher Konsonant aufeinander, stehen meist drei gleiche Konsonanten hintereinander.
- Die Konsonanten c, h, q, v, w, x und y werden nicht verdoppelt.
- Wenn du dir nicht sicher bist, ob man ein Wort mit einfachem oder doppeltem Konsonanten schreibt, solltest du es verlängern, steigern oder es trennen.

Schreibung lang gesprochener Vokale (Dehnung)

Die Dehnung des Vokals wird auf ganz unterschiedliche Weise dargestellt: durch

- Verdoppelung des Vokals oder durch
- Einfügen von einem Dehnungs -h oder
- einem Dehnungs -e

In manchen Fällen wird der lang gesprochene Vokal nicht kenntlich gemacht.

Die Regeln für die Schreibung lang gesprochener Vokale lauten:

Regel 1

Wird ein Vokal lang gesprochen, wird er oft verdoppelt:

langes -a-: Aal, Aas, Haar, Paar, Saal, Saat, Staat, Waage
langes -e-: Beere, Beet, Fee, Heer, Klee, Schnee, See, Speer, Tee
langes -o-: Boot, Moor, Moos, Zoo

Regel 2

Wird ein Vokal lang gesprochen, wird er oft durch ein Dehnungs-h kenntlich gemacht:

langes -a-: zahm, fahnden, ahnen, lahm, wahr, Zahl
langes -e-: sehr, mehr, nehmen, lehren, fehlen
langes -i-: ihm, ihr, ihre, ihnen, ihrem
langes -o-: Mohr, hohl, Sohn, ohne,
langes -u-: Uhr, Ruhe, Ruhm, Huhn
Umlaute: Mähne, Möhre, Mühle, kühn, fühlen, führen
Doppellaute: fliehen, Vieh, ziehen, Geweih, gedeihen, Reihe

Regel 3

Wird ein Vokal lang gesprochen, wird er oft durch ein Dehnungs -e kenntlich gemacht. Das gilt aber nur für den Vokal -i-; man schreibt dann -ie-:

sie, wie, Sieb, Knie, ich fiel, Liebe, die, Trieb, spielen, Hiebe

Regel 4

Manche Vokale, die lang gesprochen werden, werden nicht gekennzeichnet:

dir, mir, wir, er gibt, Tiger, Igel, Biber, Nische, Bibel, holen, malen, Muse

Tipp

- Die Vokale -i- und -u- werden nie verdoppelt.
- Der Vokal -i- kann auf folgende Weise gedehnt werden: -ie-, -ih-, -ieh-.
- Der lange Vokal in Vor- und Nachsilben wird nie kenntlich gemacht.
- Umlaute werden nicht verdoppelt: z. B. Härchen, Pärchen, Krähe, Föhn.

Wissen kurz gefasst ✓

Schreibung lang gesprochener Vokale

- Lang gesprochene Vokale sind oft gekennzeichnet. Man schreibt sie dann
  - mit Doppelvokal (bei a, e und o),
  - mit Dehnungs-h (bei allen Vokalen).
  - mit Dehnungs-e (nur beim Vokal i),
- Manche lang gesprochenen Vokale werden nicht gekennzeichnet.

Gleich und ähnlich klingende Vokale

Es gibt Vokale und Diphthonge (Doppellaute), die gleich oder ganz ähnlich klingen. Bei diesen musst du besonders aufpassen, denn du kannst leicht *e* und *ä*, *eu* und *äu*, *ei* und *ai* verwechseln.
Einige Wörter musst du auswendig lernen, aber es gibt auch Hilfen wie sich am Stammvokal orientieren, verwandte Wörter suchen, Wörter verlängern oder steigern.

Ähnlich klingende Vokale

- e und ä

  Du kannst dir merken, dass man nur solche Wörter mit *ä* schreibt, deren Stammvokal *a* ist.
  Wenn du dir nicht sicher bist, ob ein Wort mit *e* oder *ä* geschrieben wird, solltest du ein verwandtes Wort suchen, um den Stammvokal zu ermitteln:

  ängstlich – Angst: Stammvokal a
  drängeln – Drang: Stammvokal: a
  erkenntlich – erkennen: Stammvokal e

Ähnlich klingende Diphthonge (Doppellaute)

- eu und äu

  Du kannst dir merken, dass man nur solche Wörter mit *äu* schreibt, die den Doppellaut *au* in ihrem Wortstamm haben. Suche ein verwandtes Wort:

  Freude: sich freuen
  Säugling: saugen

- ei und ai
  Für Wörter mit den Diphthongen *ei* und *ai* gibt es keine Regel, du musst dir die Wörter deshalb gut einprägen.
  Mais, Leib, Laib, Hai, Seite, Saite, Laich, Kai, Taifun, Mailand, Mainz, Mai, Laie

Tipp

Es gibt gleich klingende Wörter, die man unterschiedlich schreibt und die auch eine ganz verschiedene Bedeutung haben. Präge dir diese Wörter und ihre Schreibung gut ein! Solche Wörter sind: Ehre – Ähre, Seite – Saite, Waise – Weise.

Wissen kurz gefasst ✓

Gleich und ähnlich klingende Vokale
- Es gibt viele Wörter mit den Buchstaben e/ä, eu/äu und ei/ai, die man gleich spricht, aber unterschiedlich schreibt.
- Folgende Schreibhilfen solltest du dir einprägen:
  - bei e oder ä: Suche ein verwandtes Wort und orientiere dich am Stammvokal,
  - bei eu oder äu: Suche auch hier ein verwandtes Wort, das den Doppelvokal in seinem Wortstamm hat,
  - bei ei oder ai: Hier gibt es keine Regel. Du musst dir die Wörter gut einprägen.
- Es gibt gleich klingende Wörter, die man unterschiedlich schreibt und die auch eine ganz verschiedene Bedeutung haben. Auch diese musst du dir gut einprägen.

Gleich und ähnlich klingende Konsonanten

Auch manche Konsonanten und Endsilben klingen ganz ähnlich. Deshalb kannst du leicht *d* und *t*, *b* und *p* und *g* und *k* verwechseln. Doch auch die Konsonanten *v*, *f* und *ph* kannst du nicht durch Hören unterscheiden. Schwierigkeiten machen oft auch die Vorsilben *end-* und *ent-* und die Nachsilben *-lig* und *-lich*.

Ähnlich klingende Konsonanten

d und t, b und p, g und k

Für Wörter mit diesen Buchstaben gibt es keine Regeln. Du kannst dir aber helfen, indem du die Wörter verlängerst oder in eine andere Wortart umwandelst:

Wald – Wälder, das Sieb – aussieben, der Spuk – spuken

v, f und ph

Für Wörter mit den Buchstaben *v* und *f* gibt es keine Regeln, außer: Vorsilben beginnen immer mit dem Buchstaben *v*, nie mit *f*:

ver-sprechen, das Ver-gehen, ich habe mich ver-laufen, die Vor-silbe

ph kommt nur in Fremdwörtern vor:

Physik, Phase, Philosophie

Ähnlich klingende Endsilben

end- und ent-

Die Unterschiede zwischen den beiden Vorsilben sind nicht hörbar. Du kannst dir merken, dass die Vorsilbe *end-* vom Wort *Ende* kommt und die Bedeutung von *Schluss* hat, z. B. endgültig, letztendlich (schlussendlich), Endstation, verenden.

Die Vorsilbe *ent-* bedeutet oft so viel wie weg: entführen, entreißen, entäußern

-lig und -lich

Die Unterschiede zwischen den beiden Nachsilben sind nicht immer deutlich hörbar. Für Wörter mit der Nachsilbe *-lig* oder *-lich* gibt es keine Regeln. Du kannst dir aber auch hier helfen, indem du die Wörter verlängerst:

gruslig – eine gruslige Geschichte, farbig – ein farbiges Bild, spärlich – die spärlichen Hinweise

Wissen kurz gefasst ✓

Gleich und ähnlich klingende Konsonanten

- Manche Konsonanten klingen so ähnlich, dass man oft nicht sofort entscheiden kann, ob man *d* oder *t*, *b* oder *p*, *g* oder *k*, *v*, *f* oder *ph* schreiben muss.
- Oft hilft es, ein Wort, dessen Schreibweise unklar ist, zu verlängern oder zu steigern. Außerdem kannst du dir merken, dass man in einer Vorsilbe nur *v*, nie *f* verwendet und dass *ph* nur in Fremdwörtern vorkommt.
- Auch bei den Vorsilben *end-* und *ent-* gibt es oft Unterscheidungsprobleme. Diese kann man klären, wenn man bedenkt, dass die Vorsilbe *end-* mit der Bedeutung *Ende* zu tun hat, und *ent-* so viel bedeutet wie *weg*.
- Die Nachsilben *-lich* und *-lig* kannst du am besten unterscheiden, wenn du die Wörter verlängerst.

Schreibung des s-Lautes

Im Deutschen kennt man drei s-Laute: *s*, *ss* und *ß*.
Da man diese drei s-Laute nur schwer unterscheiden kann, musst du dir die geltenden Regeln gut einprägen.

Regel 1
Den stimmhaften (gesummten, weichen) s-Laut schreibt man immer mit einem einfachen *s*:

leise, brausen, sonnig, Salz, sauber, reisen, Hose, Gämse, Wiese, rosa, Pause, Riese

Regel 2
Den stimmlosen (gezischten, harten, scharfen) s-Laut schreibt man unterschiedlich: mit einem einfachen *s*, mit *ss* und mit *ß*.

Gras, Maus, Atlas, frisst, Fluss, müssen, beißen, Straße, Floß

Das einfache *s* schreibt man bei

- kleinen Wörtern wie

  bis, aus, das, es, des
- Wörtern, die auf *-is*, *-as*, *-us* und *-nis* enden:

  Kürbis, Iltis, Atlas, Gras, Bus, Geheimnis, Ereignis, Bekenntnis

ss schreibt man, wenn

- ein betonter kurz gesprochener Vokal oder Umlaut (z. B. ä, ü) vorausgeht:

  wissen, essen, bissig, Fluss, ein bisschen, nass, Nuss, Tasse, Kissen, er lässt, ihr müsst, hässlich

ß schreibt man, wenn
- ein Doppellaut (Diphthong; au, ei, äu, eu) vorausgeht:
  draußen, außerhalb, reißen, weiß, dreißig, heiß, Äußerung, scheußlich
- oder wenn ein lang gesprochener Vokal oder Umlaut vorausgeht:
  Metermaß, Muße, sie aßen, Spieß, fließen, süß, Gruß, Fuß, büßen, Straße, der Größte

Wissen kurz gefasst ✓

Schreibung des s-Lautes
- Den stimmhaften s-Laut schreibt man immer mit einem einfachen *s*.
- Den stimmlosen s-Laut schreibt man unterschiedlich: mit einem einfachen *s*, mit *ss* und mit *ß*.
- Wichtig ist die Unterscheidung zwischen *ss* und *ß*: Wird der vorausgehende Vokal kurz gesprochen, schreibt man *ss*, wird er lang gesprochen, schreibt man *ß*.

das oder *dass*?

Bei *das* oder *dass* passieren immer wieder Fehler. *Das* und *dass* kannst du durch die Hörprobe nur schwer unterscheiden. Nur aus dem Textzusammenhang und durch genaues Nachdenken über die Verwendung von *das* und *dass* kannst du die richtige Schreibweise herausfinden. Deshalb solltest du dir zur Unterscheidung von *das* und *dass* folgende Regeln gut einprägen:

Regel 1

***das* mit einfachem s schreibt man,**

- wenn es sich um einen **bestimmten Artikel** handelt:

  Das Schwarze Brett in der Aula dient der Information aller Schülerinnen und Schüler.

Regel 2

***das* mit einfachem s schreibt man,**

- wenn es sich um ein **Relativpronomen** handelt:

  Das Schwarze Brett, das in der Aula neben dem Kiosk angebracht ist, dient der Information aller Schülerinnen und Schüler.

Tipp

Dieses *das* bezieht sich auf das vorhergehende Nomen und kann durch *welches* ersetzt werden:

Das Schwarze Brett, welches in der Aula neben dem Kiosk angebracht ist, dient der Information aller Schülerinnen und Schüler.

Regel 3

***das* mit einfachem s schreibt man,**

- wenn es sich um ein **Demonstrativpronomen** handelt:

  Ist es das Schwarze Brett dort, an dem sich die Schüler informieren sollen?

Tipp

Dieses *das* weist auf ein Ding oder einen Sachverhalt hin und kann durch *dieses* oder *jenes* ersetzt werden.

Ist es dieses/jenes Schwarze Brett dort, an dem sich die Schüler informieren sollen?

das → kann ersetzt werden durch: dieses, jenes, welches
das → ist ein Relativpronomen
das → ist ein Demonstrativpronomen
das → ist ein bestimmter Artikel

dass → ist eine Konjunktion und leitet einen Nebensatz ein

Regel 4

***dass* schreibt man,**

- wenn es sich um eine **Konjunktion** handelt:

  Die Schülerinnen und Schüler sind froh, dass es ein Schwarzes Brett gibt, an dem sie sich informieren können.

Tipp

Die Konjunktion *dass* leitet einen Nebensatz ein; sie **kann nicht durch *dieses*, *jenes* oder *welches* ersetzt werden**.

Wissen kurz gefasst ✓

***das* oder *dass*?**

- Mit einfachem *s* schreibt man *das*, wenn es sich um einen bestimmten Artikel, ein Demonstrativpronomen oder ein Relativpronomen handelt.
- *Das* als Demonstrativpronomen kann durch *dieses* oder *jenes* ersetzt werden.
- *Das* als Relativpronomen kann durch *welches* ersetzt werden.
- Mit *ss* schreibt man *dass*, wenn es sich um eine Konjunktion handelt.
- Die Konjunktion *dass* leitet immer einen Nebensatz ein.

Schreibung von Fremdwörtern

Wenn du Fremdwörter schreibst, musst du besonders aufpassen und darfst dich nicht nur auf dein Gehör verlassen. Für Fremdwörter gelten oft besondere Regeln.

Verwendung von *ph, rh, th* und *y*

In Fremdwörtern werden oft Buchstabenkombinationen verwendet, die es im Deutschen nur selten oder gar nicht gibt:

Physik, Philosophie, Asphalt, Rhythmus, Rheuma, Theater, Mathematik, Lyrik, Analyse

Endungen auf *-ie*

Viele Fremdwörter (Nomen) enden auf *-ie*:

Monarchie, Demokratie, Diphtherie, Geografie, Soziologie

Verben mit der Endung *-ieren*

Alle Fremdwörter (Verben), deren *i* lang gesprochen wird, enden auf *-ieren*:

frisieren, diskutieren, debattieren, diktieren, rasieren, studieren, telefonieren, blockieren

-i- im Wortinneren

Viele Fremdwörter haben im Wortinneren nur ein einfaches *i*, wo man ein *ie* erwarten würde, da sie lang gesprochen werden.

Maschine, Vitamine, Turbine, Praline, Invalide, Fabrik, stabil, Benzin

Achtung: *Quartier* schreibt man mit *ie*!

Eingedeutschte Fremdwörter

Viele Fremdwörter, die im Deutschen oft gebraucht werden, sind inzwischen in ihrer Schreibweise dem Deutschen angeglichen:

Frisör (statt Friseur), Fantasie (satt Phantasie), Spagetti (statt Spaghetti), Panter (statt Panther), Foto (statt Photo)

Bildung des Plurals

Tipp

Fremdwörter bilden die Pluralform auf ganz unterschiedliche Weise. Entweder durch

Anhängen von *e*: Friseur – Friseure

Anhängen von *s*: Foto – Fotos

Anhängen von *en*: Atlas – Atlanten, Globus – Globen

Prägen dir die gebräuchlichsten Fremdwörter und ihre Schreibweise gut ein, nur so kannst du Fehler vermeiden.

Wissen kurz gefasst ✓

Schreibung von Fremdwörtern

- In Fremdwörtern werden oft ungewöhnliche Buchstaben (*y*) und Buchstabenkombinationen (*ph, rh, th*) verwendet.
- Viele Fremdwörter (Nomen) enden auf *-ie* (z. B. Monarchie, Demokratie und Geografie).
- Fremdwörter mit einem langen *i* im Wortinneren werden nicht gekennzeichnet.
- Bei eingedeutschten Fremdwörtern ist die Schreibweise oft an das Deutsche angeglichen.
- Fremdwörter bilden die Pluralform durch Anhängen von *e, s* oder *en*.
- Grundsätzlich musst du dir merken: Fremdwörter schreibt man oft anders, als man sie spricht, du musst sie dir deshalb gut einprägen.

Trennung

Du weißt, dass du Wörter am Zeilenende trennen musst. Bei manchen Wörtern, wie z. B. bei Schulbus und Landheim, ist ganz klar, wo man sie trennen kann. Bei anderen Wörtern, wie z. B. Hausmeister, Lehrer und Klassenbeste, musst du genau überlegen und die jeweiligen Trennungsregeln beachten.

Folgende Trennungsregeln solltest du kennen:

Regel 1

Zusammengesetzte Wörter kannst du immer an der Stelle trennen, an der sie aus den einzelnen Wörtern zusammengefügt sind.
Diese Wortfuge ist meist leicht erkennbar:

Schul-bus, Land-heim, Aus-flug, Schul-hof, Heim-weg

Regel 2

Wörter mit mehr als einer Silbe kannst du zwischen den Silben trennen:

Leh-rer, Mit-schü-ler, Haus-meis-ter, Klas-sen-bes-te, Turn-hal-le, öf-ter, Wan-der-tag, Haus-auf-ga-be, Zen-su-ren, Pau-sen-hof, Geo-gra-fie

Tipp

Wenn du dir wegen der Trennung unsicher bist, solltest du dir das Wort leise und langsam vorlesen. Dabei kannst du die Silben gleichsam hören. Wenn du allein bist, kannst du auch den Takt eines Wortes mitklatschen, dann werden die Silben besonders deutlich hörbar.

Regel 3
ch, sch, ck, ph, rh, und th werden nie getrennt:
la-chen, schlu-cken, Ka-tas-tro-phe, Rhyth-mus

Regel 4
st darf getrennt werden:
meis-tens, der Nächs-te, die Bes-te, der Ers-te, das Schlech-tes-te

Regel 5
Es gibt Wörter, die man auf zwei Arten trennen kann:
hin-auf/hi-nauf, dar-um/da-rum, war-um/wa-rum

Wissen kurz gefasst ✓

Trennung
- Zusammengesetzte Wörter werden immer an der Wortfuge getrennt (z. B. Schul-bus).
- Wörter, die aus mehreren Silben bestehen, werden immer zwischen den Silben getrennt (z. B. Klas-sen-bes-te).
- Einzelne Vokale am Anfang eines Wortes dürfen nicht abgetrennt werden (Abend).
- st darf getrennt werden; ch, sch, ck, ph, rh und th werden jedoch nie getrennt.

Zeichensetzung

Satzzeichen gliedern einen Text. Es ist deshalb besonders wichtig, dass du sie richtig einsetzt. Du kannst die verschiedenen Satzzeichen aufgrund ihrer Funktion unterscheiden. Satzschlusszeichen beenden einen Satz: Der Punkt steht am Ende eines Aussagesatzes, das Fragezeichen am Ende eines Fragesatzes. Das Ausrufezeichen schließt einen Ausrufe- oder Aufforderungssatz ab. Das Komma steht innerhalb eines Satzes. Anführungszeichen stehen zu Beginn und am Ende einer wörtlichen Rede.

Satzschlusszeichen: Punkt, Ausrufezeichen und Fragezeichen

Satzschlusszeichen stehen immer am Ende eines vollständigen Satzes.

Satzzeichen	Verwendung	Beispiele
Punkt	Der Punkt schließt einen Aussagesatz ab.	Selina besucht das Tierheim. Ihr Bruder Max begleitet sie dabei.
Ausrufezeichen	Ein Ausrufezeichen steht immer am Ende eines Ausrufe- oder Aufforderungssatzes.	Das hätte ich nicht gedacht! Schreib mir doch auch mal wieder!
Fragezeichen	Das Fragezeichen steht am Ende eines Fragesatzes.	Wohin fährst du in den Sommerferien?

Satzzeichen im Satz: Das Komma

Das Komma steht im Satz. Es trennt Sätze oder Satzteile voneinander ab, die nicht durch *und* oder *oder* verbunden sind.

Verwendung	Erläuterung	Beispiele
Das Komma zwischen Haupt- und Nebensatz	Wenn der Hauptsatz vor dem Nebensatz steht, wenn der Nebensatz vor dem Hauptsatz steht und wenn der Nebensatz in den Hauptsatz eingeschoben ist, wird ein Komma gesetzt.	Gestern machte ich mit meinen Freunden ein Picknick, da es sonnig und warm war. Da es gestern sonnig und warm war, machte ich mit meinen Freunden ein Picknick. Gestern, als es sonnig und warm war, machte ich mit meinen Freunden ein Picknick.

Das Komma bei Aufzählungen	Das Komma trennt Wörter und Wortgruppen in Aufzählungen, wenn diese nicht durch *und* verbunden sind.	Tanja kaufte Eier, Mehl und Sahne. Tanja kaufte Eier und Mehl und Backpulver und Sahne.
Das Komma bei Einschüben	Einschübe werden durch Kommas vom übrigen Satz abgetrennt.	Unser Hausmeister, Herr Müller, schimpft immer, wenn wir auf dem Rasen Fußball spielen.
Das Komma bei Ausrufen und Anreden	Ausrufe und Anreden werden durch Kommas vom übrigen Satz abgetrennt.	Oh, ich wollte nicht, dass du wegen mir warten musst! Maja, kommst du bitte mal zu mir rüber?

Satzzeichen bei wörtlicher Rede

Jede wörtliche Rede steht in Anführungszeichen. Folgendes musst du immer beachten: Die Anführungszeichen, die die wörtliche Rede einleiten, stehen unten, die, die sie abschließen, stehen oben.

Verwendung	Erläuterung	Beispiele
Der Redebegleitsatz ist vorangestellt.	Einen vorangestellten Redebegleitsatz trennt man mit Doppelpunkt von der wörtlichen Rede ab.	Meine Mutter warnte mich: „Tom, pass auf, dass es dir nicht zu kalt wird am See!“
Der Redebegleitsatz ist nachgestellt.	Nach der wörtlichen Rede steht ein Komma, erst dann folgt der Redebegleitsatz.	„Tom, pass auf, dass es dir nicht zu kalt wird am See!“, warnte mich meine Mutter.
Der Redebegleitsatz ist eingeschoben.	Ist der Redebegleitsatz in die wörtliche Rede eingefügt, steht davor und danach ein Komma.	„Tom, pass auf“, warnte mich meine Mutter, „dass es dir nicht zu kalt wird am See!“

Wissen kurz gefasst ✓

Regeln der Zeichensetzung

- Satzschlusszeichen (Punkt, Ausrufezeichen und Fragezeichen) stehen immer am Ende eines vollständigen Satzes.
- Das Komma trennt Haupt- und Nebensatz, Nebensatz und Nebensatz (wenn sie nicht durch *und* verbunden sind) und Wörter oder Wortgruppen bei der Aufzählung voneinander ab.
- Anführungszeichen stehen zu Beginn und am Ende einer wörtlichen Rede.

Unterschiede zwischen Erzählen und Informieren

Erzählen und informieren sind zwei ganz verschiedene Vorgänge. Auch die Aufsätze, die dabei entstehen, sind völlig andersartig.

Beim Erzählen musst du beachten:

- Du erzählst, was du (oder eine andere Person, wenn du in der Er/Sie-Form erzählst) erlebst, was du empfindest, was dich freut, was dich ärgert, was dich ängstigt usw. Beim Erzählen kommt es darauf an, dass eine Handlung **interessant oder spannend** dargestellt wird und dass die **Gefühle und Gedanken** der beteiligten Personen deutlich werden. Deiner Fantasie sind beim Erzählen kaum Grenzen gesetzt.
- Beim Erzählen ist wichtig, dass deine Geschichte einen **Höhepunkt** hat. Diesen musst du gut vorbereiten und spannend ausgestalten.
- Eine Erzählung behandelt ein vergangenes Ereignis und steht deshalb immer im **Präteritum**.
- Erzählen sollst du bei folgenden **Aufsatzformen**: Erlebniserzählung, Fantasieerzählung, Reizwortgeschichte, Bildgeschichte, Nacherzählung, Ausgestalten eines Erzählkerns, Fortsetzen eines Erzählanfangs und Umerzählen. Auch im persönlichen Brief erzählst du.

Beim Informieren musst du beachten:

- Wenn du informierst, steht die **Sache**, der **Gegenstand** oder der **Vorgang** im Mittelpunkt. Diese musst du **sachlich darstellen**. Gefühle und Gedanken gehören nicht in einen informativen Text. Es gibt auch keinen Höhepunkt.
- Ein informierender Text muss **auf Fragen eine Antwort geben**, z. B. was? wann? wo? wie? warum? mit welchen Folgen? (beim Bericht), was brauche ich? wie geht das? (bei der Vorgangsbeschreibung), wie sieht das (er/sie/es) aus und was ist kennzeichnend? (bei der Gegenstands- und Tierbeschreibung).
- Der **Bericht** behandelt ein vergangenes und abgeschlossenes Ereignis und wird deshalb im **Präteritum** geschrieben.
- Der Inhalt der **Beschreibung** ist nachvollziehbar und kann jederzeit wiederholt werden. Die Beschreibung wird deshalb im **Präsens** geschrieben.
- Informieren sollst du bei folgenden **Aufsatzformen**: Unfallbericht, Zeitungsbericht, Vorgangsbeschreibung (Kochrezept, Spielanleitung, Bastelanleitung), Gegenstandsbeschreibung, Tierbeschreibung. Auch im sachlichen Brief musst du den Leser informieren.

Aufsätze schreiben

Erzählen

- Eine Erzählung kann in der Ich-, Er- oder Sie-Form geschrieben sein.
- Wichtig sind Gedanken und Gefühle der Hauptperson.
- Der Höhepunkt muss anschaulich ausgestaltet sein.

Eine Erzählung schreibt man im Präteritum. Am Höhepunkt kann man auch das Szenische Präsens verwenden.

Folgende Formen der Aufsatzart Erzählen kannst du unterscheiden:
- Erlebniserzählung,
- Fantasieerzählung,
- Reizwortgeschichte,
- Bildgeschichte,
- Nacherzählung,
- Ausgestalten eines Erzählkerns,
- Fortsetzen eines Erzählanfangs,
- Umerzählen eines Textes.

Im persönlichen Brief erzählst du.

Informieren

- Beim Informieren steht die Sache im Vordergrund.
- Wichtig ist eine sachliche Darstellung.
- Ein informativer Text hat keinen Höhepunkt.

Einen Bericht schreibt man im Präteritum.

Folgende Formen der Aufsatzart Berichten kannst du unterscheiden:
- Unfallbericht,
- Zeitungsbericht,
- Bericht über die Klassensprecherversammlung.

Eine Beschreibung schreibt man im Präsens.

Folgende Formen der Aufsatzart Beschreiben kannst du unterscheiden:
- Vorgangsbeschreibung,
- Gegenstandsbeschreibung,
- Tierbeschreibung.

Im sachlichen Brief informierst du.

Wissen kurz gefasst ✓

Unterschiede zwischen Erzählen und Informieren

- Bei Aufsätzen kannst du zwei verschiedene Arten unterscheiden: Aufsatzformen, bei denen du erzählen sollst, und Aufsatzformen, bei denen du informieren sollst.
- Zu den erzählenden Formen gehören z. B.: Erlebniserzählung und Fantasieerzählung.
- Zu den informierenden Formen gehören die verschiedenen Arten der Beschreibung und des Berichts und der sachliche Brief.

Erzählen

Wenn du etwas erzählst, schreibst du eine Geschichte über ein Ereignis, das du selbst erlebt hast. Du kannst aber auch eine Geschichte erfinden.
Wenn du selbst etwas erlebt hast, das zum Thema deiner Geschichte passt, solltest du das erzählen. Meist klingt es glaubhafter als eine erfundene Geschichte, und außerdem musst du dir selbst nichts überlegen. Wenn du jedoch keine Geschichte weißt – überlege dir eine. Aber denke daran: Wenn es eine Erlebniserzählung ist (auch in der Briefform), muss sie glaubhaft sein. Du darfst jedoch auch fantastische und unglaubliche Dinge erzählen, z. B. in der Fantasieerzählung oder in der Reizwort- und Bildgeschichte.

Schreibe aus der Ich-Sicht oder der Er/Sie-Sicht

Oft ist schon in der Themenstellung angegeben, aus welcher Sicht du deine Erzählung schreiben sollst: aus der **Ich-Sicht oder Er/Sie-Sicht**. Wenn du die Geschichte aus der **Ich-Sicht** schreibst, kannst du dich gut in die Ich-Figur (das ist meistens die Hauptfigur) hineinversetzen: Du kennst ihre Gefühle, Stimmungen, Ängste und Hoffnungen. Dies macht deine Erzählung lebendig. Die **Er/Sie-Sicht** ermöglicht es dir, auch das darzustellen, was ein Einzelner nicht bemerkt und nicht wissen kann. Auch das kann deine Geschichte für den Leser spannend machen.

Erzeuge Spannung

Eine Erzählung lebt davon, dass sie spannend ist. Eine Möglichkeit, Spannung zu erzeugen ist, den Leser auf spannende Stellen hinzuweisen; das machst du durch

- **Signalwörter** (z. B. plötzlich, vorsichtig, Und da geschah es: …),
- **Andeutungen und Vorausdeutungen** (z. B. Das ging doch nicht mit rechten Dingen zu!),
- **Fragen** (z. B. Was war denn das?),
- **Ausrufe** (z. B. oje!, hurra!, geschafft!) und
- **unvollständige Sätze** (z. B. Schon wieder! Das wird doch nicht …?).

Am Höhepunkt kannst du Spannung erzeugen, indem du den Leser das Geschehen miterleben lässt: Schreibst du statt wie bisher im Präteritum nun plötzlich im Präsens, meint man direkt dabei zu sein. Man nennt dieses Präsens, das du aber nur am Höhepunkt verwenden darfst, das **Szenische Präsens**.
Schreibe immer im **Aktiv**. Die Passiv-Form wirkt in der Erzählung langweilig.

Finde passende Verben und Adjektive

Damit deine Erzählung spannend klingt, musst du passende Verben finden. **Allerweltsverben** und **Hilfsverben** (z. B. sagen, fragen, gehen, machen, haben, sein und meinen) **solltest du vermeiden**. Sie sagen wenig über die Art der Tätigkeit oder des Befindens aus.
Ersetze nichtssagende Adjektive wie „schön", „interessant" und „toll" durch aussagekräftigere. **Vermeide umgangssprachliche Wendungen** wie „klasse", „super" und „geil". Umgangssprache ist nur in der wörtlichen Rede erlaubt, aber auch hier solltest du es damit nicht übertreiben.

Gib Gefühle anschaulich wieder

Eine Erzählung muss **spannend** sein und Spannung entsteht, wenn der Leser die Gefühle einer Person kennt. Dabei darfst du Gefühle, z. B. Angst, Hoffnung, Verzweiflung nicht nur nennen. Das ist eine sachliche Darstellung, wie sie im Bericht oder in der Beschreibung angebracht ist. In der Erzählung musst du auch die **Gefühle erzählen**. Du musst sie so anschaulich darstellen, dass der Leser sie miterleben kann.

Beachte bei der Satzgestaltung

Bilde **einfache, aber vollständige Sätze**. Ein vollständiger Satz besteht aus Subjekt und Prädikat, er sollte aber auch ein Objekt und eine adverbiale Bestimmung enthalten. **Beginne deine Sätze nie mit *und*! Wechsle im Satzbau ab**, damit deine Erzählung nicht eintönig klingt.

Finde eine passende Überschrift

Die Überschrift muss beim Leser **Interesse** für die Erzählung **wecken**. Dabei sollte sie schon eine erste Spannung auf den Inhalt erzeugen. Sie muss sich also auf den Höhepunkt beziehen und muss **kurz und prägnant** formuliert sein.

Wissen kurz gefasst ✓

Beim Erzählen ist zu beachten:
- In einer Erzählung musst du ein interessantes oder spannendes Ereignis darstellen, das du selbst erlebt oder dir ausgedacht hast.
- Erzeuge durch Signalwörter, Andeutungen und Vorausdeutungen Spannung.
- Erzähle Gefühle so anschaulich, dass der Leser sie miterleben kann.
- Achte auf einen abwechslungsreichen Satzbau.
- Schreibe im Präteritum, nur am Höhepunkt darfst du in das Szenische Präsens wechseln.
- Wähle für deine Erzählung eine passende Überschrift.

Die Erzählung

Eine Erzählung ist eine reale Geschichte mit logisch aufbauenden Erzählschritten. Der Aufbau der Erzählung ist immer dreiteilig. Eine Erzählung besteht aus Einleitung, Hauptteil und Schluss. Die Erzählmaus veranschaulicht dies:

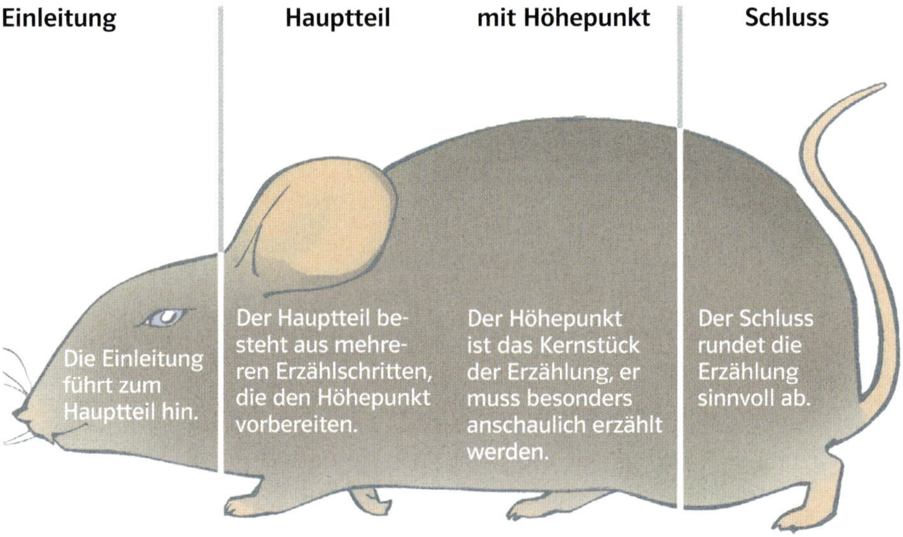

Erzählen ist eine alltägliche Sache

Du erzählst deinen Schulfreunden von deinen Erlebnissen am Wochenende; deinem Lehrer oder deiner Lehrerin von der kranken Uroma im Altersheim, die du gestern anlässlich ihres 90. Geburtstags besucht hast, weswegen du keine Hausaufgaben machen konntest. Du erzählst der Mutter am Mittagstisch von den neuesten Streichen deiner Schulkameraden, an denen du natürlich nicht beteiligt warst. Am Nachmittag schreibst du deiner Freundin eine e-Mail und erzählst, wie leicht man sich vor den Hausaufgaben drücken könne, wenn man nur eine gute Ausrede hat - der Geburtstag der Großmutter sei dafür bestens geeignet! Du siehst: Erzählen ist nicht etwas, was man nur für die Schule oder für den Lehrer lernt. Man muss täglich mehrmals etwas erzählen.

Auch in der Schule musst du erzählen

Oft erzählst du schriftlich, etwa in einer Klassenarbeit oder in einer Schulaufgabe. Und manchmal bist du sicher ratlos und denkst dir: Wie soll ich etwas erzählen, ich habe doch gar nichts Besonderes erlebt! In diesem Fall hast du auch die Möglichkeit, ein Erlebnis zu erfinden, es muss nur glaubhaft sein. Manchmal darfst du dir auch eine ganz unglaubliche Geschichte ausdenken, etwa wenn du eine Fantasieerzählung schreiben sollst. Wenn du einen Erzählanfang fortsetzen oder einen Erzählkern ausgestalten sollst, ist dir die Handlung in Grundzügen vorgegeben.

Wissen kurz gefasst ✓

Kennzeichen der Erzählung

- In der Erlebniserzählung musst du ein Geschehen erzählen, das glaubhaft ist, weil es sich so, wie du es schreibst, ereignet hat oder ereignen hätte können.
- Wenn du selbst etwas erlebt hast, das zum Thema deiner Geschichte passt, solltest du das erzählen. Meist klingt es glaubhafter als eine erfundene Geschichte, und außerdem musst du dir selbst nichts überlegen.
- Wenn du jedoch keine Geschichte weißt – überlege dir eine. Aber denke daran: Wenn es eine Erlebniserzählung ist (auch in der Briefform), muss sie glaubhaft sein.
- Du darfst jedoch auch fantastische, unglaubliche Dinge erzählen: z. B. in der Fantasieerzählung oder in der Reizwort- und Bildgeschichte.
- Wenn du einen Erzählanfang fortsetzen sollst, musst du genau auf das Geschehen eingehen, das sich anbahnt. Du musst die Handlungsstränge weitererzählen, die Personen, die du schon kennst, müssen in deiner Fortsetzung wieder vorkommen.
- Bei der Ausgestaltung eines Erzählkerns kommt es darauf an, dass du das Geschehen, um das es geht, ausführlich erzählst. Das gelingt durch die Verwendung treffender Verben und Adjektive, durch passende wörtliche Rede und durch die Darstellung von Gedanken und Gefühlen.

Nacherzählung

Wenn du am Wochenende mit deinen Eltern oder deinen Geschwistern im Kino warst, erzählst du sicher am Montag deinen Freunden von dem Film, den du gesehen hast. Da diese den Film aber vermutlich noch nicht kennen, erzählst du ihnen ganz genau, worum es darin gegangen ist. Du nennst die Personen, die in dem Film vorkommen, schilderst, was sie tun, erzählst ausführlich, was besonders spannend war, und erwähnst auch, wann und wo der Film spielt. Ganz ähnlich kannst du vorgehen, wenn du eine Geschichte, z. B. eine Fabel, einen Schwank oder ein Märchen, schriftlich nacherzählen sollst.

Regeln der Nacherzählung

- Bei der Nacherzählung solltest du die **Handlung** einer Geschichte oder eines Films **möglichst genau wiedergeben**.
- Damit deine Leser am Ende genau Bescheid wissen, musst du folgende **W-Fragen** beantworten:
  - Was ist passiert?
  - Wer ist daran beteiligt?
  - Wo ist das Ereignis passiert?
  - Wann ist es passiert?
  - Wie ist es genau passiert?
  - Warum ist es passiert?
- **Erzähle anschaulich**, indem du auch Einzelheiten nennst, die der Leser wissen muss, damit er sich die Handlung vorstellen kann.
- Erzähle in der gleichen **Reihenfolge** wie im Original. Nimm keine Ergebnisse vorweg, erhalte die Spannung auf das Ende!
- Die **Länge deiner Nacherzählung** ist nicht so wichtig. Wenn du das Geschehen anschaulich und spannend wiedergibst und dabei die W-Fragen beantwortest, darf deine Nacherzählung auch kürzer als das Original sein.

Mögliche Themen lauten:

- Erzähle den Schwank „Das Mittagessen im Hof" von Johann Peter Hebel in eigenen Worten nach.
- Fertige eine Nacherzählung zu der Erzählung „Wie Eulenspiegel auf einem Seil tanzte" an.
- Erzähle das Kapitel „Im Schwimmbad" aus dem Jugendroman „Damals war es Friedrich" von Hans Peter Richter in eigenen Worten nach.

Bei allen diesen Themen liegt dir ein Text vor.

Wissen kurz gefasst ✓

Nacherzählung

- Bei der Nacherzählung denkst du dir nicht selbst eine Geschichte aus, sondern erzählst einen vorliegenden Text in seinen wichtigsten Handlungsschritten nach.
- Du musst darauf achten, dass alle wichtigen Personen oder Gegenstände in der Nacherzählung vorkommen. Erzähle anschaulich, aber halte dich an die Reihenfolge der Geschichte.
- Außerdem musst du die W-Fragen beantworten: Was ist passiert? Wer ist daran beteiligt? Wo ist das Ereignis passiert? Wann ist es passiert? Wie ist es genau passiert? Warum ist es passiert?

Reizwortgeschichte – Weitererzählen - Ausgestalten eines Erzählkerns

Bei diesen Formen der Erzählung musst du dir nicht selbst die ganze Geschichte ausdenken. Du bekommst schon in der Aufgabenstellung Hinweise, was du erzählen sollst. Deine Aufgabe besteht darin, die Vorgaben möglichst genau umzusetzen und dabei eine spannende Erzählung zu schreiben - genau wie bei der Erlebnis- oder der Fantasieerzählung.

Reizwortgeschichte

Bei der Reizwortgeschichte bekommst du meist drei Begriffe vorgegeben. Diese bilden die **Grundlage für die Handlung** deiner Erzählung. Du musst also überlegen, für welches Geschehen diese Begriffe den Kern bilden könnten. Diese Geschichte schreibst du in der Form einer Erzählung auf. Achte darauf, dass die vorgegebenen Begriffe in deiner Erzählung **wörtlich** vorkommen.
Ein mögliches Thema für eine Reizwortgeschichte lautet:

- Tante Martha – Hut – Elefant

Weitererzählen eines Erzählanfangs

Wenn du einen Erzählanfang vorgegeben bekommst, kannst du nicht wissen, wie der Autor seine Geschichte weitergeführt hat. Das ist aber auch gar nicht notwendig. Wichtig ist, dass du die Erzählung zu einem **spannenden Höhepunkt** und zu einem **passenden Schluss** führst. Dazu helfen dir **Andeutungen auf mögliche Probleme**, die du in dem Erzählanfang findest. Achte auf die **vorkommenden Personen**, sie müssen in deiner Erzählung eine Rolle spielen.
Ein Thema, das anzeigt, dass du einen Erzählanfang fortsetzen sollst, lautet:

- Am ersten Abend lagen meine Schwester und ich in unseren Betten und versuchten einzuschlafen, da wir auf der langen Autofahrt müde geworden waren. Plötzlich schreckten wir beide hoch: Hatte sich nicht eben vor unserem Fenster etwas bewegt? Ich versuchte Lisa zu beruhigen, und so legten wir uns wieder zum Schlafen. Die Ruhe hielt nur wenige Minuten, da hörten wir ein furchterregendes Geheul. Lisa flüsterte mir voller Angst zu: „Das ist ein Gespenst! Gerade eben ist es am Haus vorbeigeschlichen und jetzt heult es auch noch! Das ist sicher ein Gespenst!" Mir war das alles auch nicht geheuer, doch weil ich die Ältere war...

Erzähle diese Geschichte zu Ende!

Ausgestalten eines Erzählkerns

Ein Erzählkern gibt die Handlung deiner Erzählung in aller Kürze vor. Deine Aufgabe besteht darin, **aus diesem Kern eine Erzählung zu schreiben**. Sie muss alle Elemente enthalten, die für eine Erzählung wichtig sind: wörtliche Rede, innere Handlung, spannender Höhepunkt. Oft musst du auch den Personen Namen geben. Achte darauf, dass deine Erzählung in Einleitung, Hauptteil und Schluss gegliedert ist.

Ein Thema, das anzeigt, dass du einen Erzählkern ausgestalten sollst, lautet:

- AUGSBURG (eigene Meldung) Ingrid Meier rettete am Heiligen Abend einer jungen Katze das Leben. Als sie von der Mitternachtsmesse heimging, hörte sie vom Haus des Bäckers ein lautes Geschrei, das ihr merkwürdig vorkam. Sie ging dem seltsamen Geräusch nach und entdeckte am Dachfirst der Bäckerei eine junge Katze, die sich nicht mehr nach unten traute. Sofort rief sie über Handy die Feuerwehr, die die Katze aus ihrer Notlage befreite.

Gestalte diese Zeitungsmeldung zu einer spannenden Geschichte aus. Erzähle aus der Sicht von Ingrid Meier.

Wissen kurz gefasst ✓

Reizwortgeschichte – Weitererzählen – Ausgestalten eines Erzählkerns

- Reizwortgeschichte, Weitererzählen und Ausgestalten eines Erzählkerns sind Formen der Erzählung, bei denen die Handlung teilweise vorgegeben ist.
- Die Reizwortgeschichte gibt einzelne Begriffe vor, die du zu einer spannenden Erzählung ausarbeiten musst.
- Beim Weitererzählen eines Erzählanfangs kommt es darauf an, dass du die Geschichte im Stil und in der Erzählperspektive des Anfangs bis zum Schluss weitererzählst und dabei den Höhepunkt besonders ausgestaltest.
- Bei der Ausgestaltung des Erzählkerns kommt es darauf an, dass du ein Geschehen, das du in Kurzform kennst (z. B. als Zeitungsnachricht) zu einer spannenden Erzählung umformst. Dabei musst du den Handlungskern und die wichtigsten Personen der Nachricht übernehmen, sollst die Geschichte aber ausgestalten und wörtliche Rede ergänzen.

Erzählen im persönlichen Brief

In einem persönlichen Brief wendest du dich immer an jemanden, den du gut kennst und der dir nahesteht. Meist handelt es sich um Verwandte oder Freunde, auch dem weiter entfernten Brieffreund schreibt man, wie es die Bezeichnung schon sagt, Briefe.

Konkreter Anlass

Der persönliche Brief kann einen konkreten Anlass haben. Er kann einen Geburtstagsgruß enthalten oder ein Dankeschön für ein Geschenk. Du kannst aber auch ohne wichtigen Anlass einen Brief schreiben, etwa an die Oma, um ihr zu sagen, dass du dich freust, dass du in den Ferien zu ihr kommen kannst. Oder an die Freundin, die du im Urlaub kennen gelernt hast, um ihr mitzuteilen, wie es dir zu Hause und in der Schule geht. Dabei wirst du so erzählen, wie du es in der Erlebniserzählung auch machst. Du erzählst von den Ereignissen, aber auch von deinen Gefühlen dabei, von den Ängsten und Hoffnungen, die dich bewegen.

Anrede des Empfängers

Da dir der Empfänger deines Briefs nicht gegenübersitzt und nicht unmittelbar auf deine Aussagen reagieren kann, ist es ganz wichtig, dass du ihn in deine Gedanken einbeziehst. Sprich ihn deshalb immer wieder einmal direkt an, stelle ihm auch Fragen. Er kann sie ja in seinem Brief an dich beantworten!
Da du einen persönlichen Brief nur an jemanden schreibst, den du gut kennst, kannst du den Empfänger des Briefs mit dem vertraulichen „du" ansprechen. Dieses „du" nennt man die persönliche Anrede, du kannst es aber auch großschreiben: „Du".

Kennzeichen des persönlichen Briefs

- Der persönliche Brief richtet sich an jemanden, den du **gut kennst**.
- Du solltest den Adressaten deshalb mit der **persönlichen Anrede** „du"/„Du" ansprechen und ihn in deine Aussagen mit einbeziehen.
- Erzähle von dem, was dich bewegt, spare deine **Gefühle** nicht aus.
- Leite den persönlichen Brief mit einer **passenden Anrede** ein und beende ihn mit einem **persönlichen, herzlichen Gruß**.

Gestaltung des persönlichen Briefs

Hallo Luca,

wie geht es dir? Wir haben seit den Sommerferien nichts mehr voneinander gehört. Du gehst doch nun aufs Gymnasium? Wie gefällt es dir da?
Ich habe an die 5. Klasse nur gute Erinnerungen, wir sind sogar ins Schullandheim gefahren. Das war toll, weil unsere Betreuer dabei waren. Die haben immer Spiele mit uns gemacht, einmal gab es sogar eine Nachtwanderung. Das war ziemlich gruselig, besonders die Mädchen haben sich gefürchtet. Aber es ist ja nichts passiert – Gott sei Dank! In der 6. Klasse wird dann schon alles schwerer, außerdem kommt die zweite Fremdsprache dazu. Ich habe Latein gewählt, das solltest du auch tun. Du hast ja erzählt, dass dir Englisch nicht so leicht fällt, vor allem wegen der Aussprache. Das Problem hast du mit Latein nicht, da wird alles gesprochen, wie man es schreibt. Wenn dich Latein interessiert, so schreib mir das, dann erzähle ich dir mehr darüber, ok?
Wie geht es dir und deiner Familie sonst? Dein Opa war im Sommer ziemlich krank, geht es ihm wieder besser? Und hast du zum Geburtstag das Fahrrad mit den 18 Gängen bekommen, das du dir so sehr gewünscht hast?
Schreib mir doch mal, ich wüsste gern, was bei dir so los ist.

Bis bald!
Viele liebe Grüße
Dein Niklas

Wissen kurz gefasst ✓

Der persönliche Brief

- Einen persönlichen Brief schreibst du an Freunde oder Verwandte, also an Menschen, die du gut kennst.
- Im persönlichen Brief erzählst du von Erlebnissen, deinen Gefühlen und Stimmungen und beziehst den Adressaten in deine Gedankengänge ein.
- Bei der Gestaltung des persönlichen Briefs bist du recht frei. Du solltest jedoch immer höflich, vielleicht sogar herzlich schreiben. Eine Grußformel am Anfang und am Ende des Briefs (Liebe/Lieber, Liebe Grüße/Bis bald!) gehören dazu.
- Eine ansprechende äußere Form ist beim persönlichen Brief, aber auch bei der Gestaltung des Kuverts, ein Zeichen der Wertschätzung des Adressaten.

Informieren

Wenn du dich gegenüber einer offiziellen Stelle, z. B. der Polizei, der Feuerwehr, der Versicherung oder der Schulleitung, äußerst, musst du deine Ansprechpartner informieren.
Das Gleiche gilt, wenn du eine Tätigkeit, die für andere nachvollziehbar sein soll, oder eine Sache oder ein Ereignis beschreibst, bei dem andere die Zusammenhänge verstehen müssen. Grundsätzlich musst du dir merken: Wenn es nicht auf das Erlebnis, sondern auf die Sache ankommt, steht die Information im Vordergrund.
Wenn du andere informieren willst, musst du den Sachverhalt genau wiedergeben. Schreibe deshalb sachlich und informativ. Deine Gefühle und Stimmungen spielen für den Leser keine Rolle. Mache genaue Angaben. Halte dich dabei an die Fakten, vermeide Wertungen. Beantworte alle wichtigen W-Fragen, z. B.: wer – wann – was – wo – wie – warum? Verwende in informierenden Texten den Sachstil.

Kennzeichen des Sachstils

- Es darf **keine Spannung** erzeugt werden.
- Gefühle und Gedanken werden nicht erzählt, höchstens **genannt**.
- Es gibt **keine Ausrufe** und **keine wörtliche Rede**.
- Umgangssprachliche Wendungen müssen unbedingt **vermieden** werden.
- Die Ausdrucksweise muss stets **sachlich und genau** sein. Verwende **Fachbegriffe**.
- Eine **sinnvolle Reihenfolge** ist einzuhalten: Wichtige Fakten gehören an den Anfang. Halte dich an die Chronologie des Ablaufs. Du darfst **nicht vorgreifen**, weil dem Leser dann der Zusammenhang fehlt und er deine Ausführungen nicht versteht. Auch **Nachträge sind nicht angebracht**. Sie verwirren den Leser.

Sprachliche Gestaltung des Sachstils

- Kurze Hauptsätze sollten in einem informierenden Text nur sehr selten vorkommen. **Vermeide Reihungen mit *und* oder *und dann*.**
- Um Sachverhalte oder Ereignisse erklären zu können, sind meist **Satzgefüge** (Verbindung von Haupt- und Nebensätzen) nötig.
- Verwende zur Verknüpfung von Sätzen **Konjunktionen**. Achte darauf, dass sie das gewünschte Verhältnis von Haupt- und Nebensatz ausdrücken.

- **Aber Vorsicht**: Satzgefüge werden leicht zu „Schachtelsätzen". Diese musst du unbedingt vermeiden.
- Verwende statt Adverbialsätzen ab und zu **Adverbialen**.

In folgenden Aufsatzarten sollst du den Leser informieren:

- im **Bericht** (z. B. Unfallbericht, Bericht über einen Unterrichtsgang, Bericht über die Klassensprecherversammlung),
- in der **Beschreibung** (z. B. Vorgangsbeschreibung, Spielanleitung, Gegenstandsbeschreibung, Wegbeschreibung, Tierbeschreibung),
- im **sachlichen Brief** (z. B. an den Schulleiter, die Jugendherberge, die Versicherung).

Wissen kurz gefasst ✓

Beim Informieren ist zu beachten:

- Beim Informieren kommt es auf die Sache an, nicht auf ein Erlebnis.
- Erwähne nur Fakten, keine Gefühle oder Stimmungen. Vermutungen musst du als solche kenntlich machen.
- Wenn du informierst, musst du die W-Fragen beantworten: wer – wann – was – wo – wie – warum?
- Verwende Sachstil, nicht wörtliche Rede.

Berichten

Das Berichten ist eine Form des informierenden Schreibens. Der Bericht muss deshalb Fakten wiedergeben. Die Meinung des Schreibers oder von Zeugen des Unfalls gehören nicht in einen Bericht. Jeder Bericht muss in einer sachlichen Sprache abgefasst sein. Wörtliche Rede ist ebenso fehl am Platz wie wertende Adjektive.

Zwei Arten des Berichts

Du musst beachten, dass es zwei grundlegende Arten des Berichts gibt, die sich an den Erwartungen der Adressaten orientieren:

- Die eine Gruppe von Berichten ist **angelehnt an das Polizeiprotokoll**. Dabei geht es darum, einen Sachverhalt für einen bestimmten Adressatenkreis möglichst genau darzustellen. Berichte, die sich an diesem Muster orientieren, sind meist Unfallberichte, Berichte über einen Diebstahl, Berichte an die Versicherung, Berichte über eine Beschädigung im Schulhaus, Berichte über die letzte Klassensprecherversammlung, Berichte an die Schulleiterin oder den Schulleiter usw.
- Die andere Gruppe **orientiert sich an Zeitungsberichten**. Die Adressaten sind dabei nicht genau bestimmt, es handelt sich aber um eine breitere Öffentlichkeit. Derartige Berichte sind meist Berichte für die Schülerzeitung, Berichte für die Homepage der Schule, Berichte über einen Wandertag, Berichte über einen Sportwettkampf usw.

Aufbau des Berichts

1. **Einleitung:**
   Sie gibt eine **Überblicksinformation** über das Geschehen.
   Beantwortung der Fragen: wo? – wann? – wer? – was?

2. **Hauptteil**:
   Hier wird der **Kern des Geschehens** ausführlich dargestellt.
   Beantwortung der Fragen: Was ist geschehen? Wie ist es geschehen? Warum ist es passiert?

3. **Schluss**:
   Hier werden die **Folgen** des Geschehens aufgezeigt.
   Beantwortung der Frage: Welche Folgen hatte das Geschehen?

Allen Berichten ist gemeinsam, dass sie

- **sachlich** geschrieben und nicht spannend sind,
- keine Meinungen, sondern **Fakten** enthalten,
- **Auskunft geben** zu den Fragen wer? – wann? – was? – wo? – wie? – warum? – mit welchen Folgen?,
- ein Geschehen in der **richtigen Reihenfolge** wiedergeben,
- **nichts Unwichtiges** beinhalten,
- **Fachbegriffe** wiedergeben, wenn diese nötig sind,
- im **Präteritum** geschrieben sind.

Wissen kurz gefasst ✓

Beim Berichten ist zu beachten:

- Der Bericht soll die Leser informieren.
- Es gibt zwei Arten von Berichten: den Bericht, der sich am Polizeibericht orientiert, und den Bericht, der dem Zeitungsbericht nachempfunden ist.
- Folgende Kennzeichen gelten für alle Berichte: Sie müssen sachlich geschrieben und nicht spannend ein. Sie dürfen nur Fakten, aber keine Meinungen enthalten. Sie müssen Auskunft geben über die Fragen wer? – wann? – was? – wo? – wie? – warum? – mit welchen Folgen? Sie müssen die Chronologie des Geschehens einhalten. Sie sind im Präteritum geschrieben.
- Berichte sind dreiteilig aufgebaut: Sie bestehen aus der Einleitung (wo? – wann? – wer? – was?), dem Hauptteil (Was ist geschehen? Wie ist es geschehen? Warum ist es passiert?) und dem Schluss (Welche Folgen hatte das Geschehen?).

Beschreibung

Jede Beschreibung dient der Information des Lesers. In der Beschreibung darfst du deshalb nur Sachverhalte (Fakten) wiedergeben. Deine Meinung gehört nicht in eine Beschreibung. Jede Beschreibung muss im Sachstil abgefasst sein. Wörtliche Rede ist fehl am Platz, Adjektive dürfen immer nur beschreibend, nie wertend sein. Benütze Fachbegriffe, exakte Nomen, treffende Adjektive und Verben und schreibe immer im Präsens.

Folgende Arten der Beschreibung kann man unterscheiden:

Vorgangsbeschreibung

Bei der Vorgangsbeschreibung kann verlangt sein, dass du beschreibst, wie du ein Regal aufbaust oder wie man eine Turnübung durchführt, wie du ein Essen zubereitest (Kochrezept), wie ein Spiel zu spielen ist (Spielanleitung), wie man Handpuppen herstellt oder Drachen bastelt (Bastelanleitung).

Tipp

Halte dich bei deiner Beschreibung an die **Reihenfolge**, die durch die Abfolge der Handlungsschritte vorgegeben ist.
Schreibe **sachlich**, drücke dich verständlich aus, gebrauche **Fachbegriffe**, wenn es nötig ist.
Verfasse die Vorgangsbeschreibung – wie jede Beschreibung – im **Präsens**.

Mögliche Aufgabenstellungen, die eine Vorgangsbeschreibung erfordern, lauten:

- Wie reinigt man den Käfig eines Hamsters (oder eines anderen Haustiers)?
- Wie kocht man Spaghetti Bolognese?
- Wie spielt man „Mensch-ärgere-dich-nicht"?

Gegenstandsbeschreibung

Bei der Gegenstandsbeschreibung kommt es darauf an, ein Ding oder eine Sache so genau zu beschreiben, dass andere sie wiedererkennen oder sich eine genaue Vorstellung davon machen können.

Tipp

Beschreibe zuerst das, was für jeden **sofort sichtbar** ist, dann erst die Details.
Bemühe dich um **genaue Angaben**, wenn es um Form, Farbe und Material geht.
Schreibe **sachlich**. Wertungen, Kommentare und Umgangssprache sind nicht angebracht.
Verfasse die Gegenstandsbeschreibung im **Präsens**.

Mögliche Aufgabenstellungen, die eine Vorgangsbeschreibung erfordern, lauten:

- Mein Lieblingskuscheltier
- Du bist auf einem Flohmarkt gewesen und hast dort ein altes Radiogerät entdeckt, das dir besonders gut gefallen hat. Du weißt, dass dein Vater alte Radioapparate sammelt, doch leider hattest du nicht genügend Geld dabei, dieses Gerät für ihn zu kaufen. Wieder zu Hause beschreibst du ihm, was du entdeckt hast.

Beschreibung eines Tiers

Tipp

Nenne zuerst, um welches **Tier**, um welche **Gattung** es sich handelt.
Beschreibe dann die **Äußerlichkeiten**. Wie groß ist das Tier, wie sind sein Fell oder seine Federn beschaffen? Welche Farbe haben sie?
Erwähne, was an dem Tier **auffällig** ist.
Verwende bei der Beschreibung **Fachbegriffe**. Den Schwanz des Hundes nennen Fachleute Rute, den weißen Stirnfleck des Pferdes bezeichnen sie als Blesse usw.
Beschreibe dann Auffälligkeiten, die das **Verhalten** betreffen.
Verwende passende Nomen, Verben und Adjektive.

Mögliche Aufgabenstellungen, die die Beschreibung eines Lebewesens erfordern, lauten:

- Dein Wellensittich ist entflogen/deine Katze ist entlaufen. Beschreibe dein Haustier so, dass die Nachbarn es erkennen können.
- Verfasse eine Beschreibung des Pferdes, auf dem du im letzten Urlaub Reitstunden genommen hast.

Wissen kurz gefasst ✓

Bei der Beschreibung ist zu beachten:

- Die Beschreibung gehört zu den sachlichen Aufsatzformen. Sie soll die Leser über Sachverhalte, Gegenstände und das Aussehen von Tieren informieren.
- Man unterscheidet die Vorgangsbeschreibung, die Gegenstandsbeschreibung und die Tierbeschreibung.
- Benütze Fachbegriffe, exakte Substantive, treffende Adjektive und Verben und schreibe immer im Präsens.

Informieren im sachlichen Brief

Wenn du Personen, die dir nicht nahestehen, denen du aber etwas mitteilen oder die du um etwas bitten musst, informieren willst, schreibst du einen sachlichen Brief. Du musst dabei die höfliche Anrede „Sie" verwenden. Achte darauf, dass man die höfliche Anrede immer großschreibt.

Anlässe für sachliche Briefe gibt es genug, z.B.:

- Du berichtest der Versicherung vom Hergang des Unfalls, bei dem dein Fahrrad kaputtgegangen ist.
- Du bittest die Bibliothekarin deiner Schule, die du bis dahin nicht mehr mündlich sprechen kannst, die Leihfrist der von dir ausgeliehenen Bücher über die Ferien zu verlängern.
- Du berichtest dem Hausmeister deiner Schule, warum und wie du das Waschbecken im Klassenzimmer heruntergerissen hast.
- Du erklärst deinem Schulleiter, warum du trotz deiner schlechten Noten am Arbeitskreis Schülerzeitung teilnehmen möchtest.

Kennzeichen des sachlichen Briefs:

- Der sachliche Brief richtet sich an jemanden, der nicht zu deinen Freunden oder Verwandten gehört, zu dem du also **kein persönliches Verhältnis** hast.
- Du musst den Adressaten deshalb mit der **höflichen Anrede** „Sie" ansprechen.
- Schreibe immer **sachbezogen**. Informiere den Adressaten über einen Vorgang oder über ein Ereignis, kläre eine Situation auf, bitte ihn um etwas. Auch bei einer Nachfrage musst du einen sachlichen Brief schreiben, wenn du mit dem Empfänger des Briefs nicht besonders vertraut bist.
- Verwende die für den sachlichen Brief übliche **förmliche Anrede** und eine **passende Grußformel am Schluss**.
- Gib schon in der Betreffzeile den **Anlass deines Schreibens** an.

So sollte ein sachlicher Brief aussehen:

Jana Brösel
Leipziger Str. 18
80804 München

A&B Versicherung
Schillerstr. 55
76198 Karlsruhe

Beschädigung eines Fahrrads

Sehr geehrte Damen und Herren,

ich wende mich heute an Sie, weil ich einen Schaden melden möchte.
Der bei Ihnen versicherte Thomas Mühe (geb. am 18.7.1968) hat am 18. Dezember vergangenen Jahres mein Fahrrad beschädigt, sodass es nicht mehr fahrbereit war. Ich hatte mein Rad um 7.40 Uhr im Radständer vor der Bäckerei Maier, Dresdner Str. 11, 80804 München, abgestellt um Brot zu kaufen. Als ich nach ca. 5 Minuten aus der Bäckerei kam, sah ich gerade noch, wie ein Fahrzeug beim Einparken mein Fahrrad rammte. Der Fahrer Thomas Mühe kam sofort auf mich zu und erklärte, er habe mein Fahrrad übersehen und würde selbstverständlich für den Schaden aufkommen. Er gab mir auch Ihre Adresse.
Mein Rad wurde inzwischen gerichtet, der Schaden beläuft sich auf 250 €. Ich bitte Sie, den Schaden zu begleichen und mir das Geld zu überweisen.
Die Reparaturrechnung liegt diesem Schreiben bei.

Mit freundlichen Grüßen
Jana Brösel

Wissen kurz gefasst ✓

Der sachliche Brief

- Der sachliche Brief richtet sich an jemanden, der nicht zu deinen Freunden gehört und mit dem du nicht verwandt bist.
- Im sachlichen Brief werden keine Erlebnisse erzählt, sondern Sachverhalte berichtet oder beschrieben.
- Der sachliche Brief folgt einem vorgegebenen Muster: In der Betreffzeile wird angegeben, worum es geht, die Anrede lautet „Sie“, Sachstil ist unverzichtbar. Zu Beginn und am Ende des Briefs finden sich Grußformeln (Sehr geehrte Damen und Herren, Mit freundlichen Grüßen).
- Eine ordentliche äußere Form ist sowohl beim Brief als auch bei der Gestaltung des Kuverts notwendig.

Textsorten

In der Schule begegnen dir viele verschiedene Texte: In deinen Schulbüchern stehen Texte, die dich über die Welt informieren (z. B. im Geschichts-, im Erdkunde- oder im Biologiebuch), im Lesebuch stehen viele Texte, die erfunden sind.
Du siehst – Text ist nicht gleich Text. Willst du eine Unterscheidung treffen, bietet sich die zwischen literarischen Texten und Sachtexten an.

Sachtexte

Sachtexte sind Texte, die sachlich geschrieben sind und eine Sache zum Thema haben. Sie beziehen sich auf die Wirklichkeit. Ein Sachtext im Biologiebuch berichtet z. B. über den Aufbau des Ameisenstaates, ein Sachtext im Geschichtsbuch beschreibt möglicherweise den Bau der ägyptischen Pyramiden. In solchen Texten stehen nur Sachverhalte, die bekannt sind, Erfundenes und Erdachtes hat in einem Sachtext nichts zu suchen. Sachtexte sind häufig in wissenschaftlicher Sprache, manchmal aber auch in Alltagssprache geschrieben. Sachtexte findest du auch in **Jugendsachbüchern** oder in **Jugendlexika**.

Literarische Texte

Literarische Texte sind Texte, die etwas Erfundenes, Erdichtetes zum Inhalt haben. Man spricht deshalb auch von Dichtung. Literarische Texte lassen sich in drei große Gruppen einteilen:

- **Erzählende Texte**, die oft in Alltagssprache geschrieben sind (man nennt sie auch Prosatexte). Dazu gehören Märchen, Fabeln, Schwänke, aber auch Erzählungen und Jugendromane.
- **Spieltexte** (die man je nach Länge Szenen oder Schauspiele nennt). Dabei sprechen die Figuren in der Form der Rede und Gegenrede, den so genannten Monologen und Dialogen.
- **Gedichte** (die zur Form der Lyrik gehören). Sie sind oft in Versen geschrieben und in Strophen untergliedert.

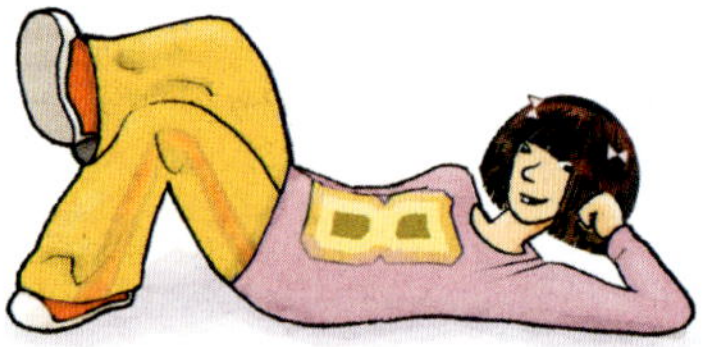

Textsorten

Literarische Texte			Texte, die die Wirklichkeit betreffen
Erzählende Texte (Prosatexte)	Spieltexte (dramatische Texte)	Gedichte (Lyrik)	Sachtexte
oft in Alltagssprache geschrieben	bestehend aus Rede und Gegenrede (Monologe und Dialoge)	in Versen geschrieben	in Alltagssprache bzw. wissenschaftlicher Sprache geschrieben
Märchen Sage Schwank Fabel Legende Kalendergeschichte Erzählung Kinder- und Jugendbuch	Schauspiel Schwank	Verse Gedichte	Jugendsachbuch Jugendlexikon

Wissen kurz gefasst ✓

Textsorten

- Texte kannst du unterscheiden nach literarischen Texten und Sachtexten.
- Literarische Texte können erzählende Texte, dramatische Texte oder Gedichte sein.
- Literarische Texte behandeln meist erfundene Themen.
- Sachtexte wollen informieren.
- Sachtexte findet man z. B. in Jugendsachbüchern und in Jugendlexika.

Märchen

Märchen sind fantastisch-wunderbare Erzählungen, die meist von Generation zu Generation weitererzählt wurden. Zauberer, Hexen, Feen, Gnome, Drachen, Naturgewalten und verwunschene Menschen gehören zu einem Märchen, aber man weiß nie, wann und wo es spielt. Meistens wird im Märchen ein Kampf zwischen Gut und Böse ausgetragen, wobei am Ende das Gute nach vielen Prüfungen der Beteiligten siegt und belohnt wird. Das Böse, z. B. in Gestalt der Hexe oder des Wolfes, wird bestraft. Das Wunderbare der Märchen zeigt sich auch in den häufig vorkommenden Symbolzahlen: drei Wünsche, drei Aufgaben, sieben Zwerge, sieben Geißlein usw. In Märchen wird eine wunderbare, unwirkliche Welt gezeigt, in der Sehnsucht nach Glück, unerfüllbare Wünsche, aber auch Ängste und Probleme dargestellt werden. Märchen beginnen oft mit typischen Formulierungen „Es war einmal …“ und enden mit „ … und wenn sie nicht gestorben sind, dann leben sie noch heute“.

Volks- und Kunstmärchen

Märchen wurden zunächst mündlich überliefert **(Volksmärchen)**. In Deutschland wurden sie z. B. von den Brüdern Grimm gesammelt, die sie als „Kinder- und Hausmärchen“ herausgegeben haben. Während Volksmärchen mündlich überliefert und dadurch verändert wurden, sind **Kunstmärchen** Werke von Dichtern, die man namentlich kennt. Diese schreiben Märchen aufgrund ihrer Fantasie, lehnen sich aber an das Volksmärchen an.

Beispiele für Volksmärchen sind:
Rotkäppchen, Dornröschen und Aschenputtel (überliefert von den Brüdern Grimm)

Beispiele für Kunstmärchen sind:
Kalif Storch und Zwerg Nase von Wilhelm Hauff, Des Kaisers neue Kleider von Hans Christian Andersen

Märchensammler und -dichter

Bekannte Märchensammler und -dichter aus dem deutschsprachigen Raum sind: Jacob und Wilhelm Grimm, Hans Christian Andersen (1839 aus dem Dänischen übersetzt), Ludwig Tieck und Ludwig Bechstein. Märchen gibt es jedoch in allen Kulturen auf allen Erdteilen. Aus Arabien kennen wir z. B. die „Geschichten aus tausend und einer Nacht“ (mit den Märchen „Ali Baba und die 40 Räuber“, „Aladin und die Wunderlampe“ und „Sindbad der Seefahrer“).

Folgender Märchenanfang zeigt typische Kennzeichen eines Märchens:

Brüder Grimm: Allerleirauh

Es war einmal ein König, der hatte eine Frau mit goldenen Haaren, und sie war so schön, dass sich ihres Gleichen nicht mehr auf Erden fand. Es geschah, dass sie krank lag, und als sie fühlte, dass sie bald sterben würde, rief sie den König und sprach: „Wenn du nach meinem Tod dich wieder vermählen willst, so nimm keine, die nicht eben so schön ist, als ich bin, und die nicht solche goldene Haare hat, wie ich habe; das musst du mir versprechen." Nachdem es ihr der König versprochen hatte, tat sie die Augen zu und starb. Der König war lange Zeit nicht zu trösten und dachte nicht daran, eine zweite Frau zu nehmen …

Wissen kurz gefasst ✓

Kennzeichen des Märchens

- Märchen wurden früher von Generation zu Generation mündlich weitergegeben.
- Diese Volksmärchen haben meist feste Bestandteile: wunderbare, unerklärliche Begebenheiten, das Aufeinandertreffen von Gut und Böse, wobei das Gute siegt, typische, fantastische Personen (König und Königin, die böse Stiefmutter, tapfere Handwerker, Hexen und Zauberer, Riesen und Zwerge), sprechende Tiere (Wolf, Geißlein), Prüfungen, die eine Figur bestehen muss, magische Zahlen (drei, sieben).
- Oft werden Märchen mit typischen Formulierungen eingeleitet („Es war einmal...") und beendet („...und wenn sie nicht gestorben sind, dann leben sie noch heute").
- Wann und wo die Handlung spielt, bleibt ungewiss.
- Im 18. und 19. Jahrhundert erfanden Dichter Märchen, so genannte Kunstmärchen, die den Volksmärchen in Thema, Inhalt und Aufbau gleichen.

Sage

Sagen sind ursprünglich mündlich überlieferte Erzählungen aus alter Zeit, zu der immer wieder neue Handlungen oder Personen hinzuerfunden wurden. Erst viel später wurden sie aufgeschrieben. Im Mittelpunkt der Sage steht oft ein übernatürlich-fantastisches Ereignis, eine ungewöhnliche Person oder ein besonderer Gegenstand oder Ort. Sagen können einer bestimmten Zeit und einem bestimmten Ort zugeordnet werden. Die handelnden Personen werden namentlich genannt. Sagen erheben Anspruch auf Glaubwürdigkeit. In Sagen werden rätselhafte Vorgänge erklärt und möglichst glaubhaft gemacht.

Sagentypen

- **Volkssagen**. Sie sind meist an bestimmte Orte und Gegebenheiten gebunden (z. B. „Barbarossa im Kyffhäuser“, „Die Weiber von Weinsberg“).
- **Heimatsagen.** Sie ranken sich um unerklärliche Vorgänge in der Region (z. B. „Die Teufelsmauer“, „Burg Auersberg“).
- **Götter- und Heldensagen.** In deren Mittelpunkt stehen Götter und Menschen mit außergewöhnlichen Fähigkeiten (z. B. die „Herakles-Sage“, die „Siegfried-Sage“ und die „Artus-Sage“).
- **Wandersagen.** Sagen, die an verschiedenen Orten spielen und in denen verschiedene Personen auftreten, die aber im Kern die gleiche Geschichte erzählen.

Aktualität von Sagen

Die alten Sagen werden bis in die heutige Zeit immer wieder neu erzählt. Die griechischen Götter- und Heldensagen, die vom Kampf um Troja und den Irrfahrten des Odysseus berichten, bilden die Grundlage für die Epen „Ilias“ und „Odyssee“ von Homer. In einer volkstümlichen Prosafassung wurden sie im 19. Jahrhundert von Gustav Schwab neu herausgegeben und von Richard Carstensen im 20. Jh. überarbeitet. Michael Köhlmeier hat diese Sagen für eine Rundfunklesung neu aufbereitet. Inzwischen haben sich auch viele Jugendbuchautoren dieser Sagenstoffe angenommen und sie neu erzählt, z. B. Auguste Lechner („Parzival“, „König Artus“, „Die Abenteuer des Odysseus“) und Ulrich Karger („Die Odyssee“). In ihrer Kernaussage sind die alten Sagen aber immer gleichgeblieben.

Beispiel für eine Volkssage:

Das Hornberger Schießen

Das kleine Dorf Hornberg im Schwarzwald wollte einstmals ein großes Schießen halten, machte gewaltige Zurüstungen und lud alle Welt zu diesem Fest ein. Die Hornberger hatten wirklich auch für alles, was bei einem solchen Schießen erforderlich ist, wohl gesorgt. Nur eins hatten sie vergessen, das Pulver.

Daher sagt man, wenn eine mit viel Lärm angekündigte Unternehmung leer und erfolglos endet: „Das geht aus wie's Hornberger Schießen!"

Wissen kurz gefasst ✓

Kennzeichen der Sage

- Sagen gehen auf mündlich überlieferte Erzählungen zurück.
- Sie handeln von unglaublichen, übersinnlichen oder unheimlichen Begebenheiten und möchten den Leserinnen und Lesern davon berichten.
- Diese Ereignisse sind oft auf fantastische und wunderbare Weise ausgestaltet.
- Oft stehen ganz besondere Personen, Helden oder Götter, im Mittelpunkt einer Sage.
- Sagen sind an eine bestimmte Zeit und einen bestimmten Ort gebunden.

Fabel

In der Fabel handeln und sprechen Tiere mit typischen Eigenschaften: der schlaue Fuchs, der dumme Esel. Durch die meist sehr kurze Handlung soll den Menschen eine Lehre erteilt werden, die oft am Ende durch einen Lehrsatz zusammengefasst wird.

Ursprung der Fabel

Die Fabel ist eine Form der Literatur, die es schon in der Antike gab. **Äsop** (um 550 v. Chr.), ein griechischer Sklave, ist der älteste, noch heute bekannte Fabeldichter. Man erzählt sich, dass er unter der Strenge und Willkür seines Herrn litt und deshalb die Kritik an ihm so verpackte, dass dieser sich zwar in den Fabeln erkannte, Äsop aber nicht böse sein konnte. Was tat Äsop? Er nannte in seinen Fabeln nicht den Namen seines Herrn, er stellte ihn nicht einmal als menschliches Wesen dar. Äsop ließ stattdessen Tiere mit menschlichen Eigenschaften auftreten. Die Tiere in seinen Fabeln verhalten sich wie Menschen, zeigen menschliche Gefühlsregungen und Verhaltensweisen und sie sprechen auch wie Menschen. Äsops Fabeln sind zweigeteilt. Im ersten Teil wird eine Begebenheit erzählt, im zweiten Teil findet sich eine Lehre, die zusammenfasst, worauf es ankommt. Diese Lehre sollte die Leser dazu bringen, ihr eigenes Verhalten zu überdenken.
An Äsops Fabeln orientierten sich alle Fabeldichter nach ihm bis in die heutige Zeit: Phädrus, Jean de La Fontaine, Gotthold Ephraim Lessing, Bertolt Brecht, Reiner Kunze und Heinz Erhardt.

Fabelform

Die meisten Fabeln sind in erzählender Sprache oder in der Form eines Gedichts geschrieben.

Beispiel für eine erzählende Fabel aus der Antike:

Äsop: Der Rabe und der Fuchs

Nachdem ein Rabe ein Stück Fleisch gestohlen hatte, ließ er sich auf einem Baum nieder. Ein Fuchs sah ihn und wollte das Fleisch haben. Er stellte sich unter den Baum und rühmte den Raben wegen seiner Größe und Schönheit. Er fügte noch hinzu, dass ihm vor allen anderen die Herrschaft über die Vögel zustehe. Und dies könne auf jeden Fall Wirklichkeit werden, wenn er auch

eine schöne Stimme habe. Als der Rabe dem Fuchs zeigen wollte, dass er auch eine schöne Stimme habe, ließ er das Fleisch fallen und begann, laut zu krächzen. Der Fuchs stürzte sich auf das Fleisch und rief: „Ach, Rabe, wenn du auch noch Vernunft besäßest, hätte deiner Herrschaft über alle nichts im Wege gestanden."
Die Geschichte passt gut auf einen Mann ohne jede Vernunft.

Beispiel für eine moderne Versfabel:

Heinz Erhardt: Der Spatz

Es war einmal ein grauer Spatz,
der saß ganz oben auf dem Dache,
und unten hielt die Miezekatz
schon seit geraumer Weile Wache.
Da sagte sich das Spätzlein keck:
„Mich kann das Biest nicht überlisten!"
Bums kam ein Habicht um die Eck
Und holte sich den Optimisten.-
So kann es allen denen gehen,
die glauben, nur sie wärn die Schlauen.
Man darf nicht nur nach unten sehn,
man muss auch mal nach oben schauen!

Wissen kurz gefasst ✓

Kennzeichen der Fabel

- In der Fabel handeln und sprechen meist Tiere.
- Sie besitzen charakteristische Eigenschaften: Die Ameise ist fleißig, der Löwe mächtig, der Wolf gierig, der Esel dumm, das Lamm unschuldig.
- In der Fabel wird eine kurze Handlung dargestellt, aus der ein Gespräch erwächst. Dieses nimmt oft eine unerwartete Wendung.
- Der Leser soll durch den Gesprächs- und Handlungsverlauf aufmerksam werden und etwas lernen.
- Oft wird diese Lehre am Ende der Fabel in einem Satz zusammengefasst.
- Fabeln können in Versen oder als kurze Erzählung geschrieben sein.

Legende

Legenden sind christliche Erzählungen vom Leben und Sterben von Heiligen, von ihren guten Taten und ihrer Frömmigkeit. Im Mittelalter wurden Legenden an den Namenstagen der Heiligen vorgelesen oder erzählt, um an diese zu erinnern. Zugleich sollten die Menschen angehalten werden, sich ebenso gottesfürchtig wie diese Heiligen zu verhalten. Auf die geschichtliche Wahrheit wurde dabei wenig Wert gelegt, die beschriebenen Personen haben jedoch in der Regel gelebt. Bis heute weiß man nicht, wer eine Legende zuerst erzählt oder aufgeschrieben hat.

Legendenursprung

Die Legenden waren im Mittelalter die Gegenstücke zu den Heldensagen. Steht in den Heldensagen, die meist aus der Zeit vor dem Christentum stammen, ein Held und seine Tapferkeit gegenüber Feinden im Mittelpunkt, beschreiben Legenden die religiös geprägten Taten von Menschen, die dann zu Heiligen erklärt wurden.

Bekannte Legenden

Die Heiligen werden in Kirchenfenstern, Gemälden oder als Figuren entsprechend ihrer Legende dargestellt:

- Der heilige Georg ist immer mit einem Drachen abgebildet, den er nach der Legende getötet hat.
- Der heilige Martin wird gezeigt, wie er seinen Mantel mit einem Frierenden teilt.

Beispiel für eine christliche Legende:

Wie Georg den Drachen bezwang (Nacherzählung von Max Bolliger)

In einem See in der Nähe der Stadt Silena hauste ein schrecklicher Drache. Wo er hintrat, verwüstete er Felder und Wiesen. Auch den mutigsten Kriegern gelang es nicht, das Tier zu töten. Um den Drachen zu besänftigen, beschlossen die verzweifelten Menschen ihm jeden Tag zwei Schafe vorzuwerfen. Doch die Schafe waren bald aufgefressen und die Gier des Tieres wurde immer größer. Es forderte Menschenopfer. „Wenn wir ihm nicht zu Willen sind, wird das Tier in die Stadt eindringen und sie zerstören", fürchteten die Bewohner. Die Opfer wurden durch das Los bestimmt.

Auch Kinder blieben nicht verschont. Eines Tages traf das Los die einzige Tochter des Königs. „Nehmt die Hälfte meines Reiches, aber lasst mir mein Kind", bat der König. „Das hilft uns nichts", sagten die Leute. „Auch du sollst dich an unsere Abmachung halten, sonst werden wir uns rächen." Aus Erbarmen gewährten sie dem König acht Tage Zeit, um von seiner Tochter Abschied zu nehmen. Nach dieser Zeit ließ der König die Prinzessin mit den schönsten Kleidern schmücken und führte sie vor die Tore der Stadt. Als das Mädchen allein zum See lief, kam ihr ein fremder Ritter auf einem braunen Pferd entgegen. Es war Georg. „Warum weinst du?", fragte er. „Ich muss sterben", antwortete die Prinzessin. „Ein schrecklicher Drache bedroht uns. Fliehe." Doch Georg zeigte keine Angst. „Ich will versuchen dich zu retten", sagte er. In diesem Augenblick fing das Wasser an zu brodeln und zu schäumen. Aus den Wellen stieg der Drache ans Ufer. Georg ritt ihm entgegen, und bevor er sich wehren konnte, erstach er ihn mit seiner Lanze. Der König und das Volk, die alles aus der Ferne mitangesehen hatten, jubelten dem Ritter zu. Aber Georg sagte: „Gott hat mir die Kraft geschenkt, euch von dem Drachen zu erlösen. Nicht mir, sondern ihm müsst ihr danken." Der König belohnte Georg mit Gold und Silber und Edelsteinen. Georg verteilte die Schätze unter den Armen der Stadt und kehrte in seine Heimat zurück.

Wissen kurz gefasst ✓

Kennzeichen der Legende

- Legenden erzählen von den guten Taten der Heiligen, sie erinnern an die christlichen Namenspatrone und regen die Menschen an, ebenso nachahmenswertes Verhalten zu zeigen.
- Meist haben die Helden der Legende wirklich gelebt, ihre Taten wurden aber von unbekannten Erzählern auf wunderbare Weise ausgestaltet.

Kalendergeschichte

Kalendergeschichten sind, wie der Name schon sagt, Geschichten, die ursprünglich in Kalendern zu finden waren. Die Geschichten in solchen Kalendern dienten früher der Unterhaltung der Leser in der freien Zeit. Im Zeitalter der Aufklärung nützten viele Autoren den Kalender als Medium, ihre Gedanken populär zu machen und die einfacheren Bevölkerungsschichten an ihren Ideen teilhaben zu lassen. Die Kalendergeschichte sollte die Leser zu moralisch anständigem Verhalten erziehen.

Ursprung der Kalendergeschichte

Im 15., 16. und 17. Jahrhundert konnten nur wenige Menschen lesen, zudem war die Zeit zum Lesen knapp. Die Bibel und ein Kalender für das ganze Jahr waren die einzigen Schriften, die in den meisten Haushalten vorhanden waren. Diese Jahreskalender informierten über kirchliche Festtage und Namenstage von Heiligen und gaben oft praktische Tipps: für den Landwirt, die Hausfrau und für das Verhalten im Alltag. Zur Unterhaltung und Belehrung der Leser waren kurze Geschichten eingefügt.

Aktualität der Kalendergeschichte

Kalendergeschichten, die auch heute noch gelesen werden, stammen von Johann Peter Hebel. Sie wurden in seinem Werk „Schatzkästlein des Rheinischen Hausfreundes“ (1811) veröffentlicht. Im 20. Jahrhundert hat Bertolt Brecht eine Vielzahl von Kalendergeschichten veröffentlicht, die den Menschen ihre Schwächen deutlich machen sollen.

Beispiel für eine Kalendergeschichte:

Johann Peter Hebel: Das Mittagessen im Hof

Man klagt häufig darüber, wie schwer und unmöglich es sei, mit manchen Menschen auszukommen. Das mag denn freilich auch wahr sein. Indessen sind viele von solchen Menschen nicht schlimm, sondern nur wunderlich, und wenn man sie nur immer recht kennen würde, inwendig und auswendig, und recht mit ihnen umzugehen wüsste, nie zu eigensinnig und nie zu nachgiebig, so wäre mancher wohl und leicht zur Besinnung zu bringen. Das ist doch einem Bedienten mit seinem Herrn gelungen. Dem konnte er manchmal gar nichts recht machen und musste vieles entgelten, woran er unschuldig war, wie es oft geht. So kam einmal der Herr sehr verdrießlich nach Hause, und setzte sich zum Mittagessen. Da war die Suppe zu heiß oder zu kalt oder keines von beiden; aber genug, der Herr war verdrießlich. Er fasste daher die Schüssel mit dem, was darinnen war, und warf sie durch das offene Fenster in den Hof hinab. Was tat der Diener? Kurz besonnen warf er das Fleisch, welches er eben auf den Teller stellen wollte, mir nichts, dir nichts, der Suppe nach auch in den Hof hinab, dann das Brot, dann den Wein und endlich das Tischtuch mit allem, was noch darauf war. „Verwegener, was soll das sein?", fragte der Herr und fuhr mit drohendem Zorn von dem Sessel auf. Aber der Bediente erwiderte ganz kalt und ruhig: „Verzeihen Sie mir, wenn ich Ihre Meinung nicht erraten habe. Ich glaubte nicht anders, als Sie wollten heute in dem Hofe speisen. Die Luft ist so heiter, der Himmel so blau, und sehen Sie nur, wie lieblich der Apfelbaum blüht, und wie fröhlich die Bienen ihren Mittag halten!" - Diesmal die Suppe hinabgeworfen, und nimmer. Der Herr erkannte seinen Fehler, heiterte sich im Anblick des schönen Frühlingshimmels auf, lächelte heimlich über den schnellen Einfall seines Aufwärters und dankte ihm im Herzen für die gute Lehre.

Wissen kurz gefasst ✓

Kennzeichen der Kalendergeschichte

- Kalendergeschichten wollen die Leser unterhalten und ihnen eine Lehre erteilen.
- Figuren, Handlungsorte und Zeit des Geschehens sind auswechselbar.
- Den Autoren geht es darum, den Menschen ihre Schwächen vor Augen zu halten und sie zu moralisch besserem Verhalten zu erziehen.
- Ursprünglich fand man Kalendergeschichten in Jahreskalendern. Seit dem 18. Jahrhundert ist die Kalendergeschichte eine eigene literarische Gattung.

Schwank

Bestimmt hast du schon einmal einer Freundin oder einem Freund einen Streich gespielt. Im Mittelalter hieß so ein Streich „swanc", und auch die Erzählung eines Streiches nannte man so. Noch heute spricht man von einem Schwank, wenn es in einer kurzen Geschichte um einen lustigen Einfall geht, der nicht ganz ernst zu nehmen ist.

Der Schwank – eine alte literarische Gattung

Den Schwank als literarische Form gab es zu allen Zeiten und in vielen Kulturen. Besonders im späten Mittelalter (14. – 16. Jahrhundert) sind viele Schwänke entstanden, die als so genannte Volksbücher eine breitere Leserschaft erreicht haben. Allen Schwänken ist gemeinsam, dass sie **menschliche Schwächen** wie Habgier, Geiz, Dummheit, Überheblichkeit, Leichtgläubigkeit usw. verspotten.

Bekannte Schwänke

Schwänke aus dem deutschsprachigen Raum, die jeder kennt, handeln von **Till Eulenspiegel** und den **Schildbürgern**. In der orientalischen Volksliteratur sind die Schelmengeschichten des **Nasreddin Hodscha** bekannt.

Schwänke in Prosa und in Szenenform

Schwänke oder Schelmenstreiche wurden ursprünglich als Erzählungen, also in Prosaform, aufgeschrieben, es gibt aber auch dramatisierte Fassungen in der Form des kurzen Schauspiels.

Beispiel für eine Schwankerzählung von Till Eulenspiegel:

Bald nach dieser Zeit, als Eulenspiegel ein Küster gewesen war, kam er in die Stadt Magdeburg und vollführte dort viele Streiche. Davon wurde sein Name so bekannt, dass man von Eulenspiegel allerhand zu erzählen wusste. Die angesehensten Bürger der Stadt baten ihn, er solle etwas Abenteuerliches und Gauklerisches treiben. Da sagte er, er wolle das tun und auf das Rathaus steigen und vom Erker herabfliegen. Nun erhob sich ein Geschrei in der ganzen Stadt. Jung und alt versammelten sich auf dem Markt und wollten sehen, wie er flog.

Eulenspiegel stand auf dem Erker des Rathauses, bewegte die Arme und gebärdete sich, als ob er fliegen wolle. Die Leute standen, rissen Augen und Mäuler auf und meinten tatsächlich, dass er fliegen würde. Da begann

Eulenspiegel zu lachen und rief: „Ich meinte, es gäbe keinen Toren oder Narren in der Welt außer mir. Nun sehe ich aber, dass hier die ganze Stadt voller Toren ist. Und wenn ihr mir alle sagtet, dass ihr fliegen wolltet, ich glaubte es nicht. Aber ihr glaubt mir, einem Toren! Wie sollte ich fliegen können? Ich bin doch weder Gans noch Vogel! Auch habe ich keine Fittiche, und ohne Fittiche oder Federn kann niemand fliegen. Nun seht ihr wohl, dass es erlogen ist."

Damit kehrte er sich um, lief vom Erker und ließ das Volk stehen. Die einen fluchten, die anderen lachten und sagten: „Ist er auch ein Schalksnarr, so hat er dennoch wahr gesprochen!"

Wissen kurz gefasst ✓

Kennzeichen des Schwanks

- Schwänke sind lustige Geschichten oder dramatische Szenen.
- Sie stellen menschliche Schwächen so übertrieben dar, dass der Leser für sich daraus eine Lehre ziehen kann.
- Schwänke hatten ihre Blütezeit im Übergang vom Mittelalter zur Neuzeit. Damals wurden sie in so genannten „Volksbüchern" veröffentlicht.
- Heute noch bekannte Schwänke handeln von Till Eulenspiegel, den Schildbürgern und von Nasreddin Hodscha.

Dramatische Texte

Viele Menschen denken, dass dramatische Texte besonders spannende Texte seien. Das stimmt jedoch nicht. Der Begriff „dramatisch" hat nichts mit aufregend oder spannend zu tun. Ein dramatischer Text ist ein Spieltext. Einen kurzen Spieltext nennt man Szene, einen längeren Schauspiel oder Drama. Dramatische Texte können gelesen werden, ihre volle Wirkung entfalten sie aber erst, wenn man sie – etwa im Theater oder in einer Aufführung vor der Klasse – spielt.

Merkmale dramatischer Texte

Dramatische Texte bestehen aus **Rede** und **Gegenrede**: Eine Person spricht, eine andere antwortet. Die Handlung wird also durch das Gespräch der Figuren vorangetrieben. Damit klar ist, wer gerade spricht, ist der Name der Person am Zeilenanfang angegeben.
In dramatischen Texten gibt es – anders als in erzählenden Texten – keinen Erzähler, der das Geschehen kommentiert. Auch Gefühle und Stimmungen werden in der Form der **wörtlichen Rede** ausgedrückt.
Trotzdem hat der Autor die Möglichkeit, Hinweise zu geben, etwa wie gesprochen werden soll, wie die Stimmung ist oder welches Bühnenbild verwendet werden soll; dazu benützt er so genannte **Regieanweisungen**. Diese stehen meist in Klammern.
Werden dramatische Texte aufgeführt, braucht man dazu **Requisiten**, also Kostüme, passende Gegenstände, ein passendes Umfeld usw. Wichtig ist auch das Verhalten der Spieler, die durch passende **Gestik** (Gebärden) und **Mimik** (Gesichtsausdruck) ihren Sprechtext veranschaulichen müssen.

Dramenautoren

Bekannte Dramenautoren sind Johann Wolfgang von Goethe, Friedrich Schiller, Max Frisch und Bertolt Brecht. Kürzere Bühnenstücke (so genannte Szenen oder Sketche) hat Karl Valentin geschrieben (z. B. „Buchbinder Wanninger“). Auch die Schwänke von Till Eulenspiegel und den Schildbürgern wurden in die Form von kurzen Bühnenstücken umgeschrieben.
Viele Kinder- und Jugendbuchautoren haben dramatische Texte geschrieben, z. B. Paul Maar, Josef Guggenmos und Ingrid Huber.

Beispiel für einen kurzen szenischen Text:

Ingrid Huber: Das Interview

KIND: Mama, wärst du gern noch einmal ein Kind?
MAMA: Wie kommst du denn darauf?
KIND: Papa, wärst du gern noch einmal ein Kind?
PAPA: Was soll diese Frage?
KIND : Tante, wärst du gern noch einmal ein Kind?
TANTE: Wieso willst du das wissen?
KIND: Onkel, wärst du gern noch einmal ein Kind?
ONKEL: Sonst fällt dir nichts ein?
KIND: Opa, wärst du gern noch einmal ein Kind?
OPA: Brauchst du das für die Schule?
KIND: Oma, wärst du gern noch einmal ein Kind?
OMA: Kind, Kind!

Wissen kurz gefasst ✓

Kennzeichen dramatischer Texte
- Dramatische Texte bestehen aus Rede und Gegenrede.
- Am Zeilenanfang ist immer angegeben, welche Person gerade spricht.
- In dramatischen Texten werden auch Gefühle und Stimmungen in der Form der wörtlichen Rede oder durch Mimik und Gestik ausgedrückt.
- Es gibt keinen Erzähler, die Figuren sprechen immer selbst.
- Möchte der Autor Hinweise geben, etwa wie gesprochen werden soll, wie die Stimmung ist oder welches Bühnenbild verwendet werden soll, benützt er dafür so genannte Regieanweisungen.

Gedicht

Seit die Menschen schreiben können, schreiben sie erzählende oder informierende Texte. Sie schreiben aber auch Gedichte. Gedichte sind Texte, die sich schon optisch von anderen Texten, z. B. der Legende oder dem Märchen, unterscheiden, weil sie in einer besonderen Form aufgeschrieben sind.

Verse und Versmaß

Die Gedichtzeilen - man nennt sie **Verse** - füllen meist nicht die ganze Buchseite aus. Gedichte, die aus mehreren Versen bestehen, sind oft in **Strophen** unterteilt.
Die Verse bestehen aus einer bestimmten Abfolge von betonten und unbetonten Silben. Daraus ergibt sich das Versmaß (Metrum). Folgende Versmaße solltest du kennen:

- Jambus: x x́ (unbetont – betont)
- Trochäus: x́ x (betont – unbetont)
- Daktylus: x́ x x (betont – unbetont – unbetont)
- Anapäst: x x x́ (unbetont – unbetont – betont)

Endreim

Oft reimen sich die letzten Silben der Verse. Diese Art des Reims nennt man **Endreim**. Wenn wir Gedichte untersuchen, kennzeichnen wir den Endreim durch Kleinbuchstaben, wobei gleiche Buchstaben (a, b, c) miteinander reimende Wörter bezeichnen.
Folgende Endreime kommen häufig vor:

- **Paarreim:** Zwei aufeinanderfolgende Verse reimen sich miteinander. Darstellung: aabb.
- **Kreuzreim:** In einer Strophe mit (mindestens) vier Versen reimt sich der erste mit dem dritten und der zweite mit dem vierten Vers. Darstellung: abab.
- **Umarmender Reim:** In einer Strophe mit (mindestens) vier Versen reimt sich der erste mit dem vierten und der zweite mit dem dritten Vers. Darstellung: abba.

Sprachliche Mittel

Autoren verwenden in Gedichten viele sprachliche Mittel, mit denen man sich genauer beschäftigen muss, damit man ihren Sinn versteht.

- **Sprachliche Bilder** helfen uns, bekannte Sachverhalte neu zu sehen oder Zusammenhänge, die uns nicht bewusst sind, erst zu entdecken.
- Durch die **Personifikation** werden abstrakte Begriffe oder leblose Dinge mit menschlichen Eigenschaften ausgestattet.

Detlev von Liliencron: Herbst

	Kreuzreim	*Trochäus*
Astern blühen schon im Garten,	*a*	*x́ x x́ x x́ x x́ x*
Schwächer trifft der ***Sonnenpfeil****.*	*b*	***sprachliches Bild***
Blumen, die den Tod erwarten	*a*	*Personifikation*
Durch des Frostes Henkerbeil.	*b*	

Brauner dunkelt längst die Heide,
Blätter zittern durch die Luft.
Und es liegen Wald und Weide
Unbewegt in blauem Duft.

Pfirsich an der Gartenmauer,
Kranich auf der Wanderflucht.
Herbstes Freuden, Herbstes Trauer,
Welke Rosen, reife Frucht.

Wissen kurz gefasst ✓

Kennzeichen des Gedichts

- Gedichte sind meist in Versen geschrieben und unterscheiden sich im Druckbild von anderen Texten.
- Viele Gedichte besitzen ein Versmaß (Jambus, Trochäus, Daktylus oder Anapäst) und einen Endreim (Kreuzreim, Paarreim, umarmender Reim).
- In Gedichten finden sich viele sprachliche Mittel, z. B. Bilder oder Personifikationen.

Erzählung

Die Erzählung ist ein Text, dessen Länge nicht festgelegt ist. Meist ist die Erzählung aber wesentlich kürzer als der Roman und weniger kompliziert aufgebaut: Die Handlung konzentriert sich auf nur einen Aspekt, und es kommen auch meist nur wenige Personen vor. Anders als beim Märchen, der Fabel und der Legende ist die Handlung real und spielt in der Welt, die uns umgibt. Wirklichkeitsnah sind auch die Figuren gezeichnet; in einer Erzählung kommen keine Feen, Hexen, Geister oder sprechenden Tiere vor.

Will man eine Erzählung genauer untersuchen, bieten sich folgende Gesichtspunkte an:

Äußeres und inneres Geschehen

Die Leser einer Erzählung wollen natürlich wissen, was, wann, warum, durch wen und mit welchem Ergebnis geschehen ist – das sind äußerliche Gesichtspunkte; man spricht deshalb von äußerem Geschehen. Mindestens ebenso wichtig ist das innere Geschehen: Was geht in den beteiligten Personen vor? Was fühlen, empfinden und denken sie? Warum handeln sie so, wie sie handeln?

Erzähler

Eine Geschichte kann aus verschiedenen Perspektiven, d. h. Blickwinkeln, erzählt sein. Manchmal erzählt eine Figur, die in der Geschichte auftritt, wir sprechen dann von einem **Ich-Erzähler**. Manchmal erzählt eine Figur, die nicht in der Geschichte vorkommt oder deren Standpunkt nicht klar bestimmt ist. In diesen Fällen sprechen wir von einem **allwissenden oder neutralen Erzähler**, der in der **Er-/Sie-Form** schreibt. Den Erzähler darf man nicht mit dem Autor verwechseln, er ist eine vom Autor geschaffene Figur.

Erzählschritte

Wie ihr aus Aufsätzen wisst, ist eine Erzählung klar aufgebaut: Sie besteht aus Einleitung, Hauptteil, Schluss. Der Hauptteil ist wiederum in Sinnabschnitte eingeteilt, die wir Erzählschritte nennen.

Susanne Kilian: Träumen

Es gibt Tage, da wache ich morgens auf und bin fröhlich. Warum, weiß ich nicht. Es kommt mir so vor, als hätte ich die ganze Nacht gelacht. Oft kann ich mich nicht erinnern, was ich geträumt habe. Manchmal sind es wunderbare, lustige, märchenhafte Träume. Überhaupt geht es in Träumen so zu wie im Märchen. Sind Träume bunt? Haben sie Farben, solche, wie ich sie normal sehe, oder sind es ganz andere Farben? Vielleicht sind sie nur schwarz-weiß, wie Zeitungsbilder? Rede ich, wenn ich träume, lache ich? Weine ich richtig? Einmal bin ich aufgewacht, mitten in der Nacht, und meine Augen waren nass. Wo war ich? Ich war an einem wüsten, einsamen Ort, und mir sind furchtbare Sachen geschehen. Welche, wusste ich nicht, es war eben so. Da waren Leute. Eine riesige Menge und sie rannten hinter mir her und ich lief wie in Sirup, kriegte die Füße nicht hoch und hörte sie schreien … Ich hoffte im Traum, ich weiß das noch genau, ich hoffte, dass es ein Traum wäre. Nur ein Traum! Aber es war schreckliche Wirklichkeit: Ich fiel und fiel in diesen Sirupweg und weinte und schrie … da wachte ich auf. Langsam wurde ich unvorstellbar glücklich – es war doch nur ein Traum! Nichts davon war geschehen. Nichts war wirklich. Mein Kopfkissen kam mir weicher als sonst vor, meine Decke wärmer. Ich war geborgen und in Sicherheit.

Am allerliebsten mag ich Träume, in denen ich … also, es fängt meistens so an, dass ich auf einem Turm stehe oder Dach, hoch über allem. Ich weiß, ich werde sofort runterfallen. Davor habe ich Angst und zittere. Aber von einem Moment auf den anderen bin ich ganz sicher, dass mir nichts geschehen wird: Ich kann doch fliegen! Ich lasse mich einfach fallen und fliege. Sehe die Straßen unter mir. Die Häuserdächer. Fliege über Wälder und große Wasserflächen, so sicher und leicht wie ein Vogel. Solche Träume müssten Wirklichkeit sein. Warum kann ich im Traum etwas, was ich sonst nicht kann?

Wissen kurz gefasst ✓

Kennzeichen der Erzählung

- Die Erzählung ist eine kurze Geschichte, die in unserer Welt spielt.
- Das Geschehen und die Personen sind auf das Nötigste reduziert.
- Man unterscheidet die Ich- und die Er/Sie-Erzählung.
- Wichtig ist die Unterscheidung von äußerem und innerem Geschehen.

Kinder- und Jugendbuch

Bücher, die gezielt für Kinder und Jugendliche geschrieben wurden, gibt es seit dem 18. Jahrhundert. Damals war man der Ansicht, dass man Kinder – wie auch Erwachsene – durch geeignete Lesestoffe belehren, ihnen Wissen und richtiges Verhalten beibringen könne.

Ursprünge der Kinder- und Jugendliteratur

Viele Romane, die du als Kinder- und Jugendbücher kennst, waren ursprünglich für Erwachsene verfasst, z. B. Robinson Crusoe, Gullivers Reisen, Lederstrumpf und Don Quijote. Auch die Kinder- und Hausmärchen der Brüder Grimm und die Winnetou-Romane Karl Mays waren für Erwachsene bestimmt.
Erst im 20. Jahrhundert entstand eine eigens für Kinder und Jugendliche geschriebene Literatur. Seitdem gibt es Gedichtbücher und Schauspiele für Kinder, Abenteuerromane, Geschichten, die märchenhafte oder phantastische Züge tragen oder solche, die sich mit der Lebenswirklichkeit von Kindern in der Gesellschaft auseinandersetzen. Ein Kennzeichen moderner Kinder- und Jugendromane ist, dass sie aus der Sicht der Kinder geschrieben sind und dass Mädchen oder Jungen selbst die Hauptfiguren sind.

Untersuchung von Kinder- und Jugendbüchern

Kinder- und Jugendbücher können nach den üblichen Gesichtspunkten untersucht werden. Folgende Fragen kannst du an die Texte richten:

- Wie ist die **Hauptfigur** dargestellt? Wodurch ist sie gekennzeichnet? Ist er bzw. sie ein Held?
- Was ist das **Thema**, das Problem der Geschichte? Worum geht es?
- Wie verläuft die **Handlung**? Hat sie einen Höhepunkt? Worin besteht dieser?
- Wird ein **Problem** dargestellt? Wie wird es gelöst? Durch wen wird es gelöst?
- **Wo spielt die Geschichte?** Ist das für den Handlungsverlauf wichtig? Wenn ja, warum?
- Wie sind die **Nebenfiguren** gezeichnet? Welche besondere Funktion oder Aufgabe haben sie? Werden sie dieser gerecht?

Folgende Werke gehören zur traditionellen, älteren Kinder- und Jugendliteratur:

- Mark Twain: Tom Sawyer und Huckleberry Finn
- Karl May: Winnetou
- Jules Verne: Reise um die Welt in 80 Tagen
- Erich Kästner: Emil und die Detektive

- Marie von Ebner-Eschenbach: Krambambuli
- Johanna Spyri: Heidi
- Daniel Defoe: Robinson Crusoe
- Oscar Wilde: Das Gespenst von Canterville

Folgende Werke zählt man zu den wichtigsten der modernen Kinder- und Jugendliteratur:

- Michael Ende: Die unendliche Geschichte
- Otfried Preußler: Krabat
- Paul Maar: Sams-Geschichten
- Kirsten Boie: Nicht Chicago nicht hier
- Astrid Lindgren: Ronja Räubertochter
- Hans Peter Richter: Damals war es Friedrich
- Max von der Grün: Vorstadtkrokodile
- Scott O'Dell: Insel der blauen Delphine
- Miriam Pressler: Bitterschokolade
- Peter Härtling: Oma
- Mats Wahl: Winterbucht
- Cornelia Funke: Herr der Diebe
- Uwe Timm: Rennschwein Rudi Rüssel
- Nina Rauprich: Die sanften Riesen der Meere

Diese Werke werden oft als Klassenlektüre gelesen, können aber auch im Mittelpunkt eines Referates stehen, etwa wenn der Klasse durch eine Mitschülerin oder einen Mitschüler ein Buch vorgestellt werden soll.

Wissen kurz gefasst ✓

Kennzeichen von Kinder- und Jugendliteratur

- Im 18. Jahrhundert wurden erste lehrreiche Kinder- und Jugendbücher geschrieben.
- Viele Werke, die ursprünglich für Erwachsene verfasst wurden, sind inzwischen zu Jugendbüchern geworden.
- Seit dem 20. Jahrhundert ist die Kinder- und Jugendliteratur eine eigene literarische Gattung, in der oft die Situation von Kindern und Jugendlichen, ihre Probleme in der Gesellschaft und ihre Träume und Zukunftsvisionen im Mittelpunkt stehen.
- Daneben existieren viele Kinder- und Jugendbücher, die als Abenteuerromane angelegt sind.

Comics

Comics sind Bildstreifen, die aus Bildern und Texten, meist in Form von Sprechblasen bestehen. Die äußere Handlung steht im Vordergrund, Gedanken und Gefühle werden durch die Mimik und die Gestik der gezeichneten Figuren und durch die Sprechblasentexte deutlich. Die Texte sind oft nicht in ganzen Sätzen, sondern in der Form von lautmalerischen Ausdrücken *(äh, boing, uups)* formuliert.

André Franquin:
Gaston –
Das verflixte
Federvieh

Ursprünge der Comics

Der Begriff Comics (eigentlich comic strips) kommt aus dem Englischen und bedeutet so viel wie „komische Bildstreifen". Die Herkunft des Begriffs zeigt, dass der Comic eine recht junge literarische Form ist: Comics wie wir sie heute kennen, gibt es erst seit Anfang des 20. Jahrhunderts. Der Amerikaner Walt Disney war einer der ersten, der Comics auf den Markt brachte – Mickey Mouse und Donald Duck wurden bald zu Helden von Zeitschriftenserien, Comic-Heften und -filmen.

Comics aus aller Welt

Comics sind inzwischen zu einer massenhaft verbreiteten, bei Kindern, Jugendlichen und Erwachsenen gleichermaßen beliebten Gattung geworden. Comics sind auch längst nicht mehr auf das Herkunftsland USA beschränkt, wo neben den Disney-Comics die „Peanuts", die Geschichten von „Hägar, dem Schrecklichen", von dem Kater „Garfield" und von „Calvin und Hobbes" entstanden sind: Viele Comics kommen aus Japan (z. B. in der Form von Mangas), andere aus Frankreich (z. B. „Asterix" und „Gaston") oder aus Deutschland (z. B. „Fix und Foxi", „Nick Knatterton", „Werner – beinhart"). In jüngster Zeit wurden auch mittelalterliche Stoffe und sogar Klassiker der Literatur (z. B. Goethes „Faust") als Comics neu aufbereitet.

Wissen kurz gefasst ✓

Kennzeichen von Comics

- Comics sind eine recht junge literarische Form. Die ersten Comics gab es um 1930 in den USA.
- In Comics werden Bilder und kurze Sprechtexte miteinander verbunden.
- Die Bilder sind meist plakativ-einfach gezeichnet und oft auch ohne Text verständlich.
- Die Texte bestehen aus einfachen Sätzen, teilweise nur aus einzelnen Wörtern und leben oft vom Wortwitz.
- Comics erschienen anfangs in Zeitungen; inzwischen gibt es von den meisten Comics Heftchen- oder Taschenbuchausgaben und oft auch Filme.
- Bekannte Comics handeln von den Erlebnissen von Mickey Mouse, Donald Duck, Hägar, Garfield, Werner und Asterix.

Jugendsachbuch

Jugendsachbücher sind informative Bücher, die ein bestimmtes Thema ausführlich behandeln. Anhand von verständlichen Texten, anschaulichen Zeichnungen und aussagekräftigen Bildern geben sie einen Einblick in die Welt, die uns umgibt. Sie informieren dich über geschichtliche oder wissenschaftliche Themen, lassen dich fremde Städte oder Länder kennen lernen, machen dich mit Pflanzen und Tieren vertraut und erklären die Natur.

Ein Sachbuch ist, wie der Name schon sagt, ein Buch das **sachliche Inhalte** hat. Ein Jugendsachbuch ist speziell für Jugendliche geschrieben. In einem Jugendsachbuch findest du also keine Geschichten oder Gedichte, sondern nur Texte, Bilder und Skizzen zu bestimmten Themen. Ein Jugendsachbuch behandelt meist nur ein bestimmtes Thema aus den Bereichen Naturereignisse, Technik, Entdeckungen, Geschichte, fremde Länder usw.

Jugendsachbücher haben folgende Titel:

- Leben zur Zeit der Pharaonen
- Wie entstanden die Pyramiden?
- Die Welt der Römer
- Eisenbahnen in aller Welt
- Blitz und Donner – Naturereignisse, die uns betreffen
- Tiere in Europa
- Die Welt der Dinosaurier
- Tiere in unseren Wäldern
- Natur - die uns umgibt
- Die Nordsee – Tiere, Pflanzen, Umwelt

Jugendlexikon

Ein Jugendlexikon ist ein Nachschlagewerk für Jugendliche. Es enthält Inhalte, die Jugendliche besonders betreffen. Die Informationen, die man unter den entsprechenden Stichpunkten findet, sind meist recht knapp gehalten und nur teilweise mit Bildern oder Illustrationen versehen. Jugendlexika gibt es in einem oder in mehreren Bänden.

Das Jugendlexikon ist wie jedes Lexikon alphabetisch – von A nach Z – geordnet. Es ist in einer für Jugendliche verständlichen Sprache geschrieben und informiert dich stichpunktartig über alle wichtigen Sachverhalte, Ereignisse und Personen. Zu den einzelnen Themen gibt es dir aber meist nur knappe Informationen, so dass du lediglich einen ersten Einblick in die Thematik bekommst. Wenn du mehr wissen willst, musst du zu einem Jugendsachbuch oder einer anderen Veröffentlichung greifen.

Jugendlexika haben folgende Titel:
- Jugendlexikon – Von A bis Z
- Was Jugendliche wissen wollen
- Unsere Welt von A bis Z
- Das Lexikon für die Jugend in drei Bänden

Wissen kurz gefasst ✓

Kennzeichen von Jugendsachbuch und Jugendlexikon
- Das Jugendsachbuch informiert ausführlich über Themen, die Jugendliche interessieren.
- Jugendsachbücher behandeln meist nur ein Thema, das ausführlich dargestellt und mit Fotos oder Skizzen anschaulich gemacht wird.
- Das Jugendlexikon ist wie ein Lexikon aufgebaut. Die einzelnen Stichpunkte sind alphabetisch sortiert.
- Ein Jugendlexikon dient der schnellen Information, die oft durch eine ausführlichere Darstellung ergänzt und vertieft werden muss.

Texte verstehen

Als Schülerin oder Schüler der Realschule musst du viele Texte lesen: im Deutschbuch, im Geografiebuch, im Biologiebuch, auf den verschiedenen Arbeitsblättern, die du ausgeteilt bekommst, und besonders, wenn in Deutsch oder Englisch ein längerer Lesetext bearbeitet wird. Nicht immer wirst du den Sinn des Textes sofort verstehen. Oft musst du ihn ein zweites oder ein drittes Mal lesen. Es gibt jedoch einige Tricks, wie man mit Texten besser zurechtkommen kann.

Tipp

Unterstreichen
Markiere beim ersten Lesen alle Wörter durch Unterstreichen oder mit Leuchtmarker, die du nicht sofort verstehst. Manchmal erschließt sich dir die Bedeutung aus dem Zusammenhang, manchmal kennst du Bestandteile eines Wortes und findest so heraus, was es bedeutet. Oft erfährst du auch im Unterricht die Bedeutung des Wortes, z. B. weil ein Mitschüler sie kennt. Wörter und Sätze, die dir für den Inhalt des Textes besonders wichtig erscheinen, solltest du ebenfalls mit Hilfe eines farbigen Stifts oder durch eine andere Art der Markierung hervorheben.

Tipp

Stichwörter an den Rand
Schreibe beim zweiten Lesen in Stichwörtern an den Rand, was dir zum Text einfällt. Notiere z. B. wichtige Handlungen und Zusammenhänge, halte Begriffe und Ereignisse fest; schreibe auf, was du über die Personen und ihr Verhalten denkst und was die Überschrift über den Inhalt des Textes aussagt.

Tipp

Schlüsselwörter
In den meisten Texten gibt es besonders auffällige und wichtige Wörter, die mehr als einmal vorkommen. Weil sie den Text „aufschließen“, dir also helfen seine Aussage zu verstehen, nennen wir sie Schlüsselwörter. Diese Schlüsselwörter solltest du besonders deutlich anstreichen oder einkreisen.

Tipp

Sinnabschnitte
Längere Texte solltest du in Sinnabschnitte unterteilen. Die Abschnittgliederung des Textes kann dir dabei helfen: Sinnabschnitte erkennst du oft daran, dass ein neuer Absatz beginnt. Ein weiterer Hinweis kann sein, dass ein neuer Gesichtspunkt behandelt wird, ein Sachverhalt ausführlicher dargestellt wird oder dass eine neue Person ins Spiel kommt usw. Formuliere für die Sinnabschnitte Überschriften oder fasse ihren Inhalt in einem Satz zusammen.

Das folgende Beispiel zeigt dir, wie ein so bearbeiteter Text aussehen kann:

Sinnabschnitte

① Der Neandertaler wird gefunden.

Der Neandertaler

Im Sommer 1856 fanden Arbeiter in einem Steinbruch im Neandertal bei Düsseldorf versteinerte Knochen. Anfangs hielt man diese für die Reste eines Höhlenbären; erst als Wissenschaftler sie mit anderen urzeitlichen Skelettresten verglichen, erkannten sie, dass es sich dabei um die Überreste einer bisher unbekannten Frühmenschenart handelte. ||

vor mehr als 150 Jahren
Überschrift = Herkunft
Wann lebten diese? = Schlüsselwort

② Aussehen des Neandertalers

Da sich der Neandertaler dem kälteren Klima im Norden angepasst hatte, hatte er eine geringere Körpergröße und wirkte, da er sehr kräftig und muskulös war, recht plump. Er hatte eine fliehende Stirn, über den Augen starke Knochenwülste, ein zurücktretendes Kinn und sehr kräftige Kiefer. Sein Gehirn war aber größer als das des modernen Menschen. ||

Was ist das?
Vergleich mit den Menschen heute!

③ Fähigkeiten des Neandertalers

Heute weiß man, dass die Neandertaler geschickte Handwerker waren: Sie konnten gute Steinwerkzeuge herstellen und einfache Schmuckstücke anfertigen. ||

toll!

④ Sorge für die Lebenden und die Toten

Auch ihr soziales Verhalten war außergewöhnlich: Für alte und verletzte Hordenmitglieder haben sie gesorgt. Grabfunde haben gezeigt, dass Neandertaler ihre Toten beisetzten oder sie verbrannten. Dass man in den Gräbern Werkzeuge und Tierschädel fand, könnte darauf hindeuten, dass sie an ein Leben nach dem Tod glaubten.

wie wir!
wie die Christen!

Wissen kurz gefasst ✓

Texte verstehen

- Beim ersten Lesen solltest du alle Wörter markieren, die du nicht verstehst.
- Wörter und Sätze, die dir für den Inhalt des Textes besonders wichtig erscheinen, solltest du ebenfalls hervorheben.
- Schreibe in Stichwörtern an den Rand, was dir zum Text einfällt.
- Schlüsselwörter solltest du besonders deutlich hervorheben.
- Einen längeren Text solltest du in Sinnabschnitte gliedern und diese jeweils mit einer Überschrift versehen.
- Achte darauf, was die Überschrift eines Textes aussagt.

Erzählungen schreiben: Einen Schreibplan erstellen

Bevor du eine Erzählung schreibst, musst du dir genaue Gedanken darüber machen, was du eigentlich schreiben willst. Außerdem musst du überlegen: Was gehört in den Hauptteil, wo soll der Höhepunkt liegen, was kann ich in der Einleitung, was im Schluss schreiben? Solche Überlegungen, die den Aufbau deines Aufsatzes betreffen, hältst du am besten in einem Schreibplan fest, der dir helfen kann, den Aufsatz in einer sinnvollen Reihenfolge niederzuschreiben.

Schreibpläne können ganz unterschiedlich gestaltet sein. Für die Erzählung bieten sich folgende Pläne an:

Der Schreibplan in Listenform

Dabei listest du die einzelnen Schritte deiner Erzählung gegliedert nach Einleitung, Hauptteil und Schluss auf:

1. Einleitung: Am Badesee mit Freunden
2. Hauptteil:
   - Thomas entdeckt die schwimmende Insel.
   - Mutprobe: Wer schafft es bis dahin zu schwimmen?
   - Alle wollen mitmachen – es geht los!
   - Auf der Insel angekommen fehlt Annika.
   - Wo kann sie nur sein, hoffentlich ist ihr nichts passiert, alle sind in Sorge und rufen den Mann von der Wasserwacht, der den See absucht – doch er findet Annika nicht.
   - Plötzlich ruft Annika vom Ufer aus – da hat sie keiner vermutet.
3. Schluss: Aufklärung der Situation: Annika war gar nicht mitgeschwommen, sie hatte sich nicht getraut, wollte es aber nicht sagen.

Der Erzählplan in „Mausform“

Da der Aufbau einer Erzählung der Körperform einer Maus gleicht („Erzählmaus“), bietet es sich an, den Erzählplan daran festzumachen:

Einleitung	Hauptteil	Höhepunkt	Schluss
Am Badesee mit Freunden	Thomas entdeckt die schwimmende Insel. Mutprobe: Wer schafft es, bis dahin zu schwimmen? Alle wollen mitmachen – es geht los! Auf der Insel angekommen fehlt Annika.	Wo kann sie nur sein? Hoffentlich ist ihr nichts passiert! Alle sind in Sorge und rufen den Mann von der Wasserwacht. Er sucht den See ab, doch er findet Annika nicht. Plötzlich ruft Annika vom Ufer aus – da hat sie niemand vermutet.	Annika war gar nicht mitgeschwommen, sie hatte sich nicht getraut, wollte es aber nicht sagen.

Wissen kurz gefasst ✓

Erzählungen schreiben: Einen Schreibplan erstellen

- Damit du beim Schreiben die richtige Reihenfolge einhältst und nichts Wichtiges vergisst, solltest du dir vorher einen Schreibplan anlegen.
- Dieser Schreibplan beinhaltet in geordneten Stichpunkten alles das, was du dann im Aufsatz schreibst.
- Den Schreibplan für eine Erzählung kannst du als Liste oder in der Form der Erzählmaus anfertigen.

Beschreibungen und Berichte vorbereiten: Cluster und Mindmap verwenden

Wenn du eine Beschreibung oder einen Bericht schreiben willst, musst du dir vorher genau überlegen, was du schreiben und wie du deinen Aufsatz aufbauen willst: Du musst deinen Aufsatz planen. Dabei helfen dir der Cluster und die Mindmap.

Der Cluster (dt. das Ideennetz)

Wenn du einen Bericht oder eine Beschreibung schreiben willst, musst du genug „Material" haben. Du wirst dir also genau überlegen, was alles zum Thema gehört. Deine Einfälle hältst du als **Stoffsammlung** fest, z. B. als Aufzählung mit Komma:

> Der Pudel: verschiedene Arten (Toypudel, Zwergpudel, Königspudel), verschiedene Farben (schwarz, braun, silber), besondere Eigenschaften (Gelehrigkeit, Intelligenz, Selbstbewusstsein) usw.

So eine Liste hat den Nachteil, dass du nur schwer etwas ergänzen kannst, wenn dir nachträglich noch etwas einfällt. Günstiger ist es, wenn du deine Gedanken in Form eines Clusters sammelst, denn dieser ist beliebig erweiterbar.
Ein Cluster zum Thema „Der Pudel" kann z. B. so aussehen:

Die Mindmap (dt. die Gedankenlandkarte)

Wenn du deinen Aufsatz schreiben willst, musst du deine Einfälle ordnen: Was gehört in die Einleitung, was in den Hauptteil, in welcher Reihenfolge willst du die einzelnen Gesichtspunkte darlegen, was gehört in den Schlussteil? Diese Fragen beantwortet der Cluster nicht. Um deinem Aufsatz eine Struktur zu geben, kannst du auf die Mindmap zurückgreifen. Diese kann so gestaltet sein:

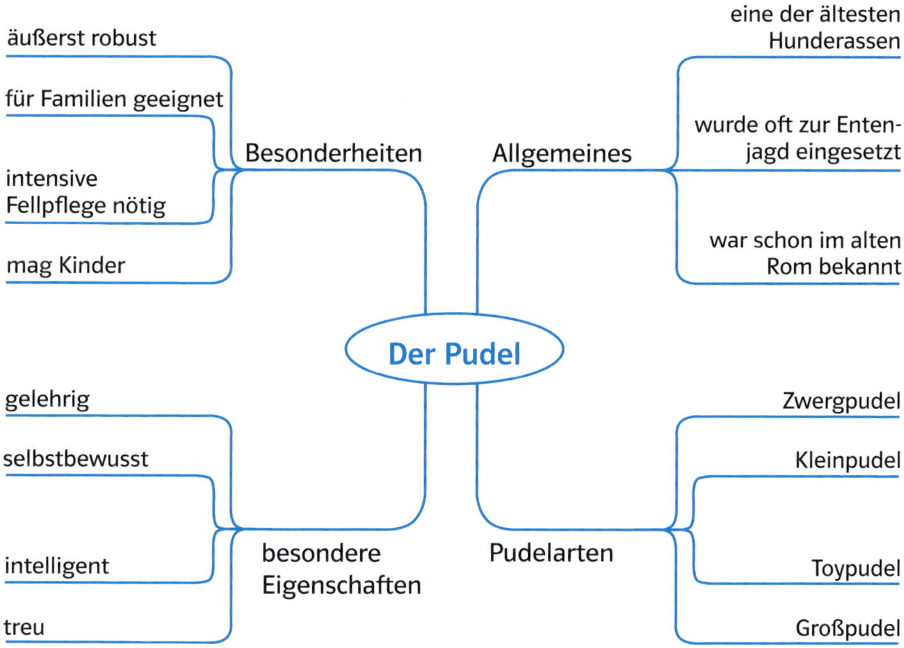

Wissen kurz gefasst ✓

Beschreibungen und Berichte vorbereiten

- Zur Sammlung von Gesichtspunkten, die in deinen Aufsatz einfließen sollen, ist es sinnvoll, einen Cluster anzulegen.
- Die Mindmap hilft dir, die einzelnen Gesichtspunkte, die du in deinem Aufsatz erwähnen willst, in eine passende Ordnung zu bringen. Die Mindmap ist eine Form des Schreibplans.

Literatur finden: Eine Bibliothek benützen

Wenn du zu einem bestimmten Thema Literatur suchst, z. B. weil du ein Referat halten willst, kannst du in die Schulbücherei oder in die Stadt- oder Gemeindebibliothek gehen. Dort kannst du die Regale durchsuchen, was aber oft sehr mühselig ist. Außerdem findest du so nur Bücher, die gerade vorhanden sind.
Sinnvoller ist es deshalb, den Katalog zu befragen. Fast alle Bibliotheken verfügen über ein elektronisches Nachschlagesystem, das heißt, du kannst mit Hilfe des Bibliothekscomputers suchen. Dort gibst du in die Suchmaske den Begriff ein, zu dem du ein Buch suchst (z. B. den Begriff „Steinzeit“). Du kannst auch einen Autor angeben, wenn du weißt, wer ein Buch geschrieben hat, das dir weiterhilft.

Eine Hilfe zu jedem Eingabefeld bekommen Sie durch Anklicken der Feldbezeichnung mit der Maus. Um Ihre Trefferliste nach Titel, Person, Jahr absteigend und Jahr aufsteigend zu sortieren, wählen Sie unter „Sortierung“ den entsprechenden Begriff aus, bevor Sie Ihre Suche starten.

Wenn du diese Suchmaske ausgefüllt hast, sucht der Computer für dich und gibt dir Autor, Titel und Signatur (also den Standort des Buches in der Bibliothek) an. Oft erfährst du auch, wie lange ein Buch noch ausgeliehen ist.

Viele dieser Bibliothekscomputer kannst du über das **Internet** bedienen. Suche deshalb die Bibliothek, zu der du immer gehst, im Internet und gib den Suchbegriff oder den gesuchten Verfasser in die Eingabemaske ein. Vielleicht kannst du ja dann schon von der Schule oder von Zuhause aus eine Auswahl treffen.

Wissen kurz gefasst ✓

Literatur finden: Eine Bibliothek benützen

- Statt in der Bibliothek die Regale zu durchsuchen, solltest du den Katalog benützen, wenn du ein Buch finden willst.
- Oft kannst du mit Hilfe des Computers suchen: Gib einen passenden Suchbegriff oder den Namen eines Autors ein und der Computer sucht für dich.
- Du erfährst dann, welche Bücher es in dieser Bibliothek zu deinem Suchbegriff oder zu dem von dir gesuchten Autor gibt und wo diese stehen.
- Wenn das von dir gesuchte Buch ausgeliehen ist, erfährst du meist, wann es zurückgegeben wird.
- Manche dieser Bibliothekskataloge findest du im Internet und kannst dann von der Schule oder von Zuhause aus suchen.

Register

Register

Register

Register

Text- und Bildnachweis

Textnachweis

S. 87: Brüder Grimm: Allerleirauh: Aus: Kinder- und Hausmärchen in 2 Bänden. Hrsg. von Heinz Rölleke. Diederichs, Köln 1982
S. 90: Äsop: Der Rabe und der Fuchs. Aus: Äsop: Fabeln. Hrsg. und übersetzt von Rainer Nickel. Artemis & Winkler, Zürich 2004, S. 74
S. 91: Heinz Erhardt: Der Spatz. Aus: Das große Heinz Erhardt Buch. Fackelträger, Hannover 1970, S. 21
S. 92: Max Bolliger: Wie Georg den Drachen bezwang. Aus: Max Bolliger: Wie Georg den Drachen bezwang und 51 weitere Legenden für jede Woche des Jahres. Herder, Freiburg, Basel, Wien 1994, S. 61 ff.
S. 94: Johann Peter Hebel: Das Mittagessen im Hof. Aus: Erzählungen und Aufsätze des Rheinischen Hausfreundes. Hrsg. von Wilhelm Zentner. Braun, Karlsruhe 1968
S. 96: Wie Eulenspiegel verkündete, fliegen zu wollen. Aus: Ein kurzweilig Lesen von Till Eulenspiegel und was er für seltsame Possen getrieben hat. Ensslin & Laiblin, Reutlingen
S. 99: Ingrid Huber: Das Interview. Aus: Hans-Joachim Gelberg (Hrsg.): Oder die Entdeckung der Welt. 10. Jahrbuch der Kinderliteratur. Beltz & Gelberg, Weinheim, Basel 1997, S. 28
S. 101: Detlev von Liliencron: Herbst. Aus: Detlev von Liliencron: Gedichte. Hrsg. von Günter Heintz. Reclam, Stuttgart 1981, S. 15
S. 103: Susanne Kilian: Träumen. Aus: Hans-Joachim Gelberg (Hrsg.): Der fliegende Robert. 4. Jahrbuch der Kinderliteratur. Beltz & Gelberg, Weinheim, Basel 1977, S. 146

Bildnachweis

S. 81: ZEFA visual media gmbh/Hackenberg
S. 87: Illustration: Otto Ubbelohde. onlinekunst.de
S. 89: Historischer Verein Hornberg e.V.
S. 98: Education Photos
S. 106: André Franquin: Gaston – Das verflixte Federvieh. Aus: André Franquin: Gaston – Hart gekocht! Band 8. Übers. von Hedda Siebel, Carlsen, Reinbek 1988, S. 10

Der Verlag hat sich nach bestem Wissen und Gewissen bemüht, alle Inhaber von Urheberrechten an Texten und Abbildungen zu diesem Werk ausfindig zu machen. Sollte das in irgendeinem Fall nicht korrekt geschehen sein, bitten wir um Entschuldigung und bieten an, gegebenfalls in einer nachfolgenden Auflage einen korrigierten Quellennachweis zu bringen.

F1

Wie nennt man das Namenwort mit dem Fachbegriff?

F2

Wie fragst du nach dem Prädikat?

F3

Welchen anderen Begriff für „Begleiter“ kennst du?

F4

Wie lautet der Fachbegriff für „Satzaussage“?

F5

Zu welcher Wortart gehören „bunt“, „lustig“, „seltsam“ und „weinerlich“?

F6

Wie nennt man den Satzgegenstand mit dem Fachbegriff?

F7

Wie heißt der 1. Fall mit dem Fachbegriff?

F8

Wie heißen die vier Fälle? Nenne die Fachbegriffe in der richtigen Reihenfolge.

L2

„Was wird getan?“

In dem Satz: „Sara reitet auf dem Pony“ musst du fragen:
Was tut Sara gerade?
Sie reitet auf dem Pony.
Reiten ist das Prädikat.

L1

Nomen (oder Substantiv)

Bruder, Stefan, Eva, Elefant, Hamburg, Polen

L4

Prädikat

Das Prädikat ist ein Satzglied und wird immer mit einem Verb gebildet. Es ist neben dem Subjekt ein unverzichtbarer Baustein eines vollständigen Satzes.

L3

Artikel

Man unterscheidet den bestimmten Artikel (der, die, das) und den unbestimmten Artikel (ein, eine, ein).

L6

Subjekt

Das Subjekt ist ein Satzglied und wird immer mit einem Nomen oder Pronomen gebildet. Es ist neben dem Prädikat ein unverzichtbarer Baustein eines vollständigen Satzes.

L5

Es sind Adjektive.

Das Adjektiv (Eigenschaftswort) gibt eine Eigenschaft an.
Nach dem Adjektiv fragt man:
Wie ist etwas?
Typische Endungen des Adjektivs sind:
-ig, -sam und -lich.

L8

Nominativ, Genitiv, Dativ, Akkusativ

Nach den Fällen fragt man:
wer oder was? wessen? wem?
wen oder was?

L7

Nominativ

Nach dem Nominativ fragt man:
wer oder was?

Im Satz „Erkan lernt Deutsch“ steht „Erkan“ im Nominativ: Frage: Wer lernt Deutsch? Antwort: Erkan.

F9

Der wie vielte Fall ist der Dativ?

F10

In welchem Fall steht „mein“ im folgenden Satz: „Das ist mein Füller.“

F11

Welche Pronomen (Fürwörter) kennst du?

F12

An welcher Stelle steht das konjugierte Verb im Aussagesatz?

F13

In welchem Fall steht „Tina“ im folgenden Satz: „Ich mag Tina besonders gern.“

F14

In welchem Fall steht „die Hunde“?

F15

Woran erkennst du ein Adverb?

F16

Mit welcher Probe kannst du feststellen, wo du im Satz ein Attribut einfügen kannst?

L10

im 2. Fall (Genitiv)

Nach dem Genitiv fragt man: wessen?
Frage: „Wessen Füller ist das?“

Antwort: „Es ist mein Füller.“

„Mein“ steht also im Genitiv.

L9

der 3. Fall

Nach dem Dativ fragt man: wem?
Im Satz „Ich habe Elena mein Mathematikheft geliehen“ steht „Elena“ im Dativ.
Frage: Wem habe ich mein Mathematikheft geliehen?
Antwort: Elena.

L12

an der zweiten Stelle

Im Satz „Kathrin möchte zum Tanzen gehen“ ist „möchte“ das konjugierte Verb. Es steht an der 2. Stelle im Aussagesatz.

L11

das persönliche Fürwort

(Personalpronomen; ich, du, wir),

das besitzanzeigende Fürwort

(Possessivpronomen; mein, dein, unser),

das hinweisende Fürwort

(Demonstrativpronomen; der, dieser, jener),

das rückbezügliche Fürwort

(Reflexivpronomen; mich, dich, sich),

das einschränkende Fürwort

(Relativpronomen; der, welcher)

L14

im Nominativ (Plural) oder im Akkusativ (Plural)

Im Satz „Die Hunde spielen miteinander“ steht „die Hunde“ im Nominativ (Frage: Wer spielt miteinander? Antwort: die Hunde). Im Satz „Ich füttere die Hunde“ steht „die Hunde“ im Akkusativ (Frage: Wen füttere ich? Antwort: die Hunde).

L13

im 4. Fall (Akkusativ)

Nach dem Akkusativ fragt man: wen oder was?

Frage: „Wen mag ich besonders gern?“
Antwort: „Tina“.

„Tina“ steht also im Akkusativ.

L16

mit der Erweiterungsprobe

Statt: „Eine Jugendzeitung ist auf den Markt gekommen“ kannst du genauer sagen: „Eine neue Jugendzeitung für Mädchen ist auf den Markt gekommen“ „Neue“ und „für Mädchen“ sind Attribute.

L15

Das Adverb kann nie verändert (flektiert) werden.

Beispiele für Adverbien: dann, jetzt, oben, vielleicht.
Man unterscheidet Adverbien der Zeit, des Ortes, des Grundes und der Art und Weise.

F17

Nenne den Fachbegriff für „Verhältniswort“.

F18

Welcher Satz kann nie allein stehen?

F19

Welchen Fachbegriff für „Bindewort“ kennst du?

F20

Was verstehst du unter einer Satzreihe?

F21

Zu welcher Wortart gehört „weil“?

F22

Wie nennt man die Verbindung von Hauptsatz und Nebensatz?

F23

Nenne Beispiele für Hilfsverben.

F24

Handelt es sich bei dem Satz „Obwohl der Polizist den Verkehr regelte, kam es zu einem Chaos“ um eine Satzreihe oder um ein Satzgefüge?

L18

der Nebensatz

Beispiel: „den ich morgen zum ersten Mal treffe“ ist ein Nebensatz. Er kann nicht allein stehen, weil er unvollständig ist und nichts aussagt. Er braucht einen vorhergehenden Hauptsatz, z. B. „Michael ist mein Brieffreund,“.

L17

Präposition

Die Präposition gibt ein Verhältnis an, z. B. der Zeit (seit, ab), des Ortes (neben, nach), der Art und Weise (mit, außer) oder des Grundes (trotz, wegen).

L20

Die Verbindung von Hauptsatz und Hauptsatz ist eine Satzreihe.

Beispiel:
„Thomas schaut einen Film an und Lisa liest ein Buch“ ist eine Satzreihe. Beide Sätze sind Hauptsätze und könnten allein stehen.

L19

Konjunktion

Es gibt nebenordnende Konjunktionen, die Hauptsätze verbinden (und, oder) und unterordnende Konjunktionen, die Haupt- und Nebensätze verbinden (dass, da).

L22

Satzgefüge

Beispiel:
„Claudia übt täglich Karate, weil sie an der Kinderolympiade teilnehmen möchte.“
„Claudia übt täglich Karate“ ist ein Hauptsatz, „weil sie an der Kinderolympiade teilnehmen möchte“ ist ein Nebensatz.
Die Verbindung beider Sätze nennt man Satzgefüge.

L21

„weil“ ist eine unterordnende Konjunktion.

Unterordnende Konjunktionen verbinden einen Hauptsatz und einen Nebensatz.

Beispiel: „Ich radle schnell nach Hause, weil schwarze Wolken aufziehen.“

L24

Es handelt sich um ein Satzgefüge.

„Obwohl der Polizist den Verkehr regelte“ ist der Nebensatz. Er wird durch eine unterordnende Konjunktion eingeleitet, das konjugierte Verb („regelte“) steht an letzter Stelle. „kam es zu einem Chaos“ ist der Hauptsatz. Der Nebensatz steht an der ersten Stelle, das konjugierte Verb „kam“ an der zweiten Stelle im Satz.

L23

z. B. haben, sein, werden

Hilfsverben werden zur Bildung des Perfekt und des Plusquamperfekt benötigt: „Ich habe gegessen“, „Ich war gelaufen“.

F25

Welche Wortarten können dekliniert werden?

F26

An welcher Stelle im Nebensatz steht das konjugierte Verb?

F27

Welche Wortart kann konjugiert werden?

F28

Mit welcher Probe kannst du feststellen, aus wie vielen Satzgliedern ein Satz besteht?

F29

Warum schreibt man „muss“ mit ss?

F30

Welche Wörter schreibt man immer groß?

F31

In welchen Wortarten gibt es das Wort „das“?

F32

Was haben die Wörter „Liebe“, „ihnen“ und „fliehen“ gemeinsam?

L26

an letzter Stelle

Beispiel:
„Claudia übt täglich Karate, weil sie an der Kinderolympiade teilnehmen möchte."

„möchte" ist das konjugierte Verb im Nebensatz, es steht an letzter Stelle.

L25

Substantiv, Artikel, Adjektiv, Numerale, Pronomen

Diese Wortarten verändern sich nach Kasus (Fall), Genus (grammatikalisches Geschlecht) und Numerus (Zahl).
Diese Veränderung nennt man Deklination.

L28

mit der Umstellprobe

Beispiel:
„Heinz geht zur Schule."
Die Umstellprobe zeigt, dass die Satzglieder „Heinz/geht/zur Schule" verschoben werden können.

Der Satz besteht also aus drei Satzgliedern.

L27

das Verb

Es verändert sich nach Person, Numerus und Tempus.
Beispiel: „Ich schreibe einen Brief, du schreibst einen Brief, sie hat einen Brief geschrieben."

Das Verb „schreiben" wird konjugiert.

L30

Wörter, die am Satzanfang stehen, Nomen/Substantive, Eigennamen (z. B. Sylvia), substantivierte Verben und Adjektive (z. B. das Laufen, die Rote) und die höfliche Anrede (Sie, Ihr)

L29

Der vorhergehende Vokal u wird kurz gesprochen.

Regel: Nach vorangegangenem kurzen Vokal schreibt man ss.

L32

Der i-Laut wird verlängert.

Das wird durch die Schreibung deutlich gemacht:
ie: Liebe
ih: ihnen
ieh: fliehen
In allen Beispielen wird der i-Laut lang gesprochen, aber unterschiedlich kenntlich gemacht.

L31

bestimmter Artikel, Relativpronomen, Demonstrativpronomen

Der bestimmte Artikel steht bei Nomen im Neutrum (das Boot). Das Relativpronomen leitet einen Nebensatz ein („Das Eis, das ich gegessen habe, war lecker."). Das Demonstrativpronomen verweist auf etwas („Das Buch ist meines!").

F33

Welches Satzzeichen beschließt einen Aussagesatz?

F34

Welche Vokale werden nie verdoppelt?

F35

Welches Satzzeichen steht zwischen den einzelnen Teilen einer Aufzählung?

F36

Wie kann man herausfinden, ob man ein Wort mit e oder ä schreibt?

F37

Wie nennt man Verben, die ihren Stammvokal verändern?

F38

An welcher Stelle kann man Wörter grundsätzlich trennen?

F39

Welche Zeitstufen der Vergangenheit gibt es im Deutschen?

F40

In welchem Tempus musst du eine Erzählung schreiben?

L34

i und u

Wenn kenntlich gemacht werden soll, dass das i lang gesprochen wird, schreibt man ie, ich oder ieh. Wenn kenntlich gemacht werden soll, dass das u lang gesprochen wird, schreibt man uh.

L33

der Punkt

„Ich freue mich auf die Ferien."
Das ist ein Aussagesatz, er wird mit einem Punkt abgeschlossen.

L36

durch Ermittlung des Stammvokals

Schreibt man „verändern" mit e oder ä?
Wenn du das Verb mit dem Adjektiv „anders" vergleichst, stellst du fest, dass a der Stammvokal ist.

L35

das Komma

„Hunde, Katzen, Elefanten und Giraffen sind Säugetiere."

Wenn die einzelnen Wörter der Aufzählung nicht mit „und" oder „oder" verbunden werden, setzt man ein Komma.

L38

am Silbenende

zie-hen, lau-fen, schrei-ben

Sprechsilben kannst du leicht durch Mitklatschen herausfinden.

L37

starke Verben

gehen – ging – gegangen

Zur Bestimmung des Stammvokals werden immer drei Formen herangezogen: der Infinitiv, das Präteritum, das Partizip Perfekt.

L40

Eine Erzählung schreibt man immer im Präteritum.

Das Präteritum drückt ein Geschehen aus, das in der Vergangenheit stattgefunden hat, abgeschlossen ist und keinen direkten Bezug zur Gegenwart hat.

L39

Präteritum, Perfekt, Plusquamperfekt

Mutter kochte, Mutter hat gekocht, Mutter hatte gekocht.

Diese Zeitstufen nennt man auch die 1., 2. und 3. Vergangenheit.

F41

In welchem Tempus schreibst du einen Bericht?

F42

In welcher Aufsatzform darfst du am Höhepunkt das Szenische Präsens verwenden?

F43

Wie nennt man die drei Formen des grammatikalischen Geschlechts?

F44

Um welche Wortart handelt es sich bei „mein" und „dein"?

F45

Wie nennt man die grammatikalische Einzahl?

F46

In welchem Tempus schreibst du eine Beschreibung?

F47

Um welche Wortart handelt es sich bei „ich, du, er, sie, es"?

F48

Nenne drei Kennzeichen des Sachstils.

L42

in der Erzählung

Das Szenische Präsens ist besonders geeignet, eine Handlung unmittelbar und spannend erscheinen zu lassen. Da du in der Erzählung Spannung erzeugen sollst, kannst du am Höhepunkt in die Präsensform wechseln.

L41

im Präteritum

Das Präteritum drückt ein Geschehen aus, das in der Vergangenheit stattgefunden hat, abgeschlossen ist und keinen direkten Bezug zur Gegenwart hat.
Das ist im Bericht der Fall.

L44

Possessivpronomen

Possessivpronomen zeigen an, was zu wem gehört.

„Das ist mein Federmäppchen."

L43

Maskulinum, Femininum, Neutrum

Maskulinum: der Hund
Femininum: die Katze
Neutrum: das Tier
Das grammatikalische Geschlecht wird bei Substantiven durch den Artikel ausgedrückt.

L46

im Präsens

Da die Beschreibung eine Handlung wiedergibt, die nicht in der Vergangenheit abgeschlossen, sondern jederzeit wiederholbar ist, schreibt man sie im Präsens.

L45

Singular

das Haus, der Baum, das Kind

Es gibt einige Wörter, die nur im Singular vorkommen (z. B. der Regen, das Glück, das Obst).

L48

darf keine Spannung erzeugen, keine wörtliche Rede, Verwendung von Fachbegriffen

Sachstil wird in informierenden Aufsatzformen verwendet, wenn es darauf ankommt, nicht Gefühle und Stimmungen, sondern Sachverhalte auszudrücken.

L47

Personalpronomen

Personalpronomen können ein Nomen ersetzen.

Statt „Thomas füttert die Fische." kannst du schreiben „Er füttert die Fische."

F49

Was versteht man unter dem Begriff „Plural“?

F50

Welche drei Arten literarischer Texte kannst du unterscheiden?

F51

Welche Steigerungsformen kennt man im Deutschen?

F52

In welchen Texten kommen häufig Symbolzahlen vor?

F53

Zu welcher Wortart gehören „da“ und „gestern“?

F54

Welche literarische Gattung beschäftigt sich mit dem Leben von Heiligen?

F55

Was versteht man unter „Jambus“?

F56

In welcher literarischen Gattung kommen sprechende Tiere vor?

L50

erzählende Texte, Spieltexte, Gedichte

Erzählende Texte sind neben der Erzählung die Novelle, der Roman, aber auch Märchen, Sage, Fabel und Legende.
Spieltexte sind Schauspiele und Szenen.
In Gedichtform sind auch Lieder und Balladen geschrieben.

L49

die grammatikalische Mehrzahl

die Vögel, die Sportler, die Polizisten

Es gibt einige Wörter, die nur im Plural vorkommen (z. B. die Geschwister, die Eltern, die Ferien).

L52

im Märchen

Typische Symbolzahlen des Märchens sind drei und sieben.

drei Wünsche, sieben Geißlein, sieben Zwerge

L51

Positiv, Komparativ, Superlativ

Der Positiv ist die Grundform, der Komparativ die Höher- oder Vergleichsstufe, der Superlativ die Höchststufe.

laut – lauter – am lautesten

L54

die Legende

Die Legende ist eine Geschichte, die ursprünglich oft mündlich erzählt wurde und deren Verfasser man nicht kennt.

Bekannte Legenden erzählen vom Leben des Hl. Georg und von St. Martin.

L53

zu den Temporaladverbien

Temporaladverbien (oder Adverbialen der Zeit) geben einen Zeitpunkt oder eine Zeitdauer an.

L56

in der Fabel

Die Tiere tragen menschliche Züge, deshalb können sich die Leser mit ihnen identifizieren und aus ihrem Verhalten eine Lehre für ihr eigenes Leben ziehen.

L55

Versmaß im Gedicht

Der Jambus ist gekennzeichnet durch die regelmäßige Folge von unbetonten und betonten Silben.
Betonte und unbetonte Silben werden so dargestellt:
x́ betonte Silbe
x unbetonte Silbe

F57

Was versteht man unter einem Ich-Erzähler?

F58

Welche Erzählung oder welche Szene handelt von einem lustigen Ereignis?

F59

Woran erkennst du, dass in einer Erzählung ein neuer Sinnabschnitt beginnt?

F60

Wie nennt man ein Schauspiel mit dem Fachbegriff?

F61

Seit wann gibt es eine eigene Kinder- und Jugendliteratur?

F62

Wie nennt man eine Zeile im Gedicht?

F63

Welche verschiedenen Reimarten kennst du?

F64

Wie nennt man einen Absatz eines Gedichts?

L58

der Schwank

Schwänke handeln von einem lustigen Ereignis, das in erzählender Form dargestellt ist. Manche Schwänke wurden auch dramatisiert und können als Schauspiel oder Szene aufgeführt werden.

L57

Ein Erzähler schreibt aus seiner Sichtweise.

Er gibt nur wieder, was er selbst sieht oder erlebt. Die Gefühle und Gedanken anderer Personen kennt er nicht, außer, wenn diese sie äußern.

L60

Drama

Das Drama (oder Schauspiel) ist ein längerer Spieltext, bei dem Personen die Handlung vorantreiben, indem sie miteinander oder alleine für sich sprechen.
Ein kurzes Schauspiel nennt man Szene.

L59

Eine neue Person kommt dazu, der Schauplatz wechselt, die Handlung nimmt eine neue Wendung.

Oft werden Sinnabschnitte durch Absätze im Text kenntlich gemacht.

L62

Vers

Ein Vers füllt nicht die ganze Seitenbreite aus, er umfasst auch meist keinen vollständigen Satz. Die Länge eines Verses wird vom Autor festgelegt und oft für das gesamte Gedicht beibehalten.

L61

seit dem 18. Jahrhundert (dem Zeitalter der Aufklärung)

Im 18. Jahrhundert glaubte man daran, dass man die Menschen bessern (erziehen) könne, indem man ihnen Vorbilder vorstellt. Wenn die Kinder und Jugendlichen deren vorbildliches Verhalten nachahmen, werden sie zu besseren Menschen – dachte man damals.

L64

Strophe

Strophen gliedern längere Gedichte. Die einzelnen Strophen bestehen aus Versen.

L63

Kreuzreim, Paarreim und umarmender (umgreifender) Reim.

Reime werden immer durch Kleinbuchstaben am Versende gekennzeichnet
Kreuzreim: abab,
Paarreim: aabb,
umarmender (umgreifender) Reim: abba.